Soziale Fürsorgetätigkeit

in den

Vereinigten Staaten.

Reiseskizzen

von

Elsa von Liszt.

BERLIN 1910.

J. Guttentag, Verlagsbuchhandlung,

G. m. b. H.

Inhalt.

Vorbemerkung.

Die Veröffentlichung der folgenden Blätter bedarf einer gewiſſen Rechtfertigung.

Ich bin nicht ganz drei Monate in den Vereinigten Staaten geweſen; bin nicht ſehr weit herumgekommen; ich habe allerdings ſehr viele gemeinnützige Anſtalten und Vereine kennen gelernt — aber eingehende ſyſtematiſche Studien habe ich nicht gemacht. Das hat ſeine Nachteile und ſeine Vorzüge. Ich kann keinen wiſſenſchaftlichen Überblick über ein beſtimmtes Gebiet geben; aber ich habe eine Fülle verſchiedenartigſter Eindrücke gewonnen, deren Wiedergabe doch auch für andere Intereſſe haben kann.

Ich weiß genau, daß mein Einblick in die Verhältniſſe ein oberflächlicher geweſen iſt. Es iſt immer ſchwer, ſich in eine fremde Umgebung hineinzudenken, hineinzufühlen; doppelt ſchwer hier, wo die hiſtoriſchen, wo die wirtſchaftlichen und die politiſchen Vorausſetzungen von den unſeren ſo ſehr abweichen.

Ich bitte darum, meine Aufzeichungen ſo aufzunehmen, wie ſie gemeint ſind — als die anſpruchsloſe Darſtellung perſönlicher Eindrücke.

I. Ankunft in New York. Einwanderer.

Immer reger wird das Leben auf dem Waſſer, je näher wir an New York herankommen; immer größer wird der Verkehr. Einfahrende und aus= laufende Ozeandampfer begegnen ſich, große und kleine Fahrzeuge jeder Art drängen ſich auf dem Waſſer herum und laſſen uns die Kunſt des Lotſen be= wundern, der unſer Rieſenſchiff ruhig und ſicher durch alles hindurchlenkt. Bald bekommen wir auch die „Ferries" zu Geſicht, jene ſo charakteriſtiſchen plumpen und doch flinken Fährboote, die den Verkehr zwiſchen den durch den Fluß getrennten Vororten von New York vermitteln. Und nun nahen wir uns der Rieſenſtadt ſelbſt. Gleich der erſte Anblick gibt ein Bild ihrer Groß= artigkeit; es iſt, als ſei die Stadt für dieſen Eindruck extra aufgebaut worden. Links ragt die koloſſale Freiheitsſtatue in die Luft, das Wahrzeichen von New York. Rechts verbindet eine wundervolle Brücke das Häuſermeer von Brooklyn mit Manhattan, der eigent= lichen City von New York. Als ſchmale Halbinſel ſpringt Manhattan in das Waſſer vor, und hier auf der Südſpitze liegen ſie faſt alle beieinander, die höch= ſten der Wolkenkratzer. Mit ihrer Unregelmäßigkeit, ihrer Rieſenhaftigkeit, ihrer Häßlichkeit kommen ſie uns grotesk und gespenstig vor, besonders wenn man, wie es mir geschah, sie allmählich aus dichtem Nebel auftauchen sieht. Wenn das Auge sich langsam an das Häusermeer gewöhnt hat, so sieht es neben den 20- und 30stöckigen Häusern auch ganz gewöhnliche drei- und vierstöckige liegen. Dazwischen, fast erdrückt von den Riesen, ist eine Kirche, die in dieser Umgebung einen ganz verschüchterten Eindruck macht. Und sehen wir noch näher zu, so sind dazwischen noch andere Bauten, angeklebt an die großen, möchte man fast sagen: ganz kleine Häuschen, Hütten, schmutzig und halb verfallen, die nun einen gar seltsamen Kontrast mit den anderen bilden.

Dieses Bild der Einfahrt in New York bin ich während meines ganzen Aufenthalts in den Vereinigten Staaten nicht losgeworden. Überall finden wir ja diese Gegensätze, nicht nur bei den Bauten, sondern auf allen Gebieten des Lebens; und das ist es vor allem, was uns die Beurteilung des Landes so erschwert. Wir sehen glänzende moderne Einrichtungen und daneben Überbleibsel einer längst vergangenen Zeit; wir finden Anschauungen, die unserer europäischen Kultur weit vorausgeeilt sind, wir finden andere, die wir seit Jahrzehnten überwunden haben. Wir sehen vielleicht eine mit allen Erfordernissen der modernen Hygiene und des künstlerischen Geschmacks ausgestattete Anstalt — wir ahnen nicht, daß nicht weit davon für ganz dieselbe Kategorie von Menschen eine andere Anstalt existiert, klein, schmutzig, kaum notdürftig den bescheidensten Anforderungen der Neuzeit entsprechend.

Wenn wir einen Blick in die engen Negergäßchen,

die alleys, werfen, die sich zwischen den eleganten, breiten Straßen hinziehen, so sind wir entsetzt über den Schmutz, die Unordnung, die da herrschen. Gekehrt wird hier nicht, aller Straßenkot bleibt liegen; in der Mitte fließt ein Bach des Abflußwassers, große Eimer mit den Küchenabfällen stehen vor den Türen. Und doch wissen wir, daß im ganzen die Reinlichkeit auf einer viel höheren Stufe steht, als bei uns. Wöchentlicher Wechsel der Bettwäsche ist in den Anstalten die Regel, tägliches Bad für die meisten Menschen selbstverständlich; auch habe ich in keiner der vielen Anstalten, die ich besucht habe, solche grau-weißen Handtücher gesehen, wie man sie hier in unseren besten Anstalten wohl finden kann.

Wie ein Fuhrwerk aus der Vorwelt kam mir die Pferdebahn in New York vor! New York mit seinen Elevated railroads durch die ganze Stadt, mit seinen subways unter der Stadt und unter dem Hudson, mit seinen unzähligen elektrischen Bahnen nach allen Richtungen — New York besitzt eine Pferdebahn, so schmutzig und primitiv, wie ich noch keine gesehen habe. Im Innern ist ein Petroleumofen, der den Raum erwärmen soll. Man kann sich die angenehmen Düfte vorstellen. Die Pferde laufen an einer losen Leine weit vor dem Wagen und führen ihn mit angenehmen Schaukelbewegungen nach rechts und links. Besonders erfreulich wird das, wenn die Tiere etwas scheuen, und das tun sie gern, ohne daß man es ihnen übelnehmen könnte. Besteht doch ein Hauptvergnügen der New Yorker Straßenjugend darin, die überall in großen Mengen herumliegenden Zeitungen zusammenzutragen und dann mit einem Freudengeheul anzuzünden; das Schönste von dem Vergnügen ist aber, daß sie die brennenden Blätter den Pferden vor den Augen herumschwenken. Ich habe mich eigentlich gewundert, daß die Tiere nicht ganz rabiat geworden sind und daß ich schließlich mit heilen Knochen an meinem Bestimmungsort anlangte! Hierzu ein Gegenbild: In den höchsten der Wolkenkratzer gibt es Fahrstühle, die nur bei jedem zehnten Stockwerk anhalten.

* * *

Es ist gar nicht so leicht, in die Vereinigten Staaten hineinzukommen! Schon vor dem Empfang des Überfahrtbillets wird uns ein langer Fragebogen vorgelegt. Außer auf die üblichen indiskreten Fragen nach Alter, Stand usw. muß man da auch noch auf die folgenden Antwort geben: Sind Sie Polygamist? Sind Sie Anarchist? Sind Sie mit Gefängnis vorbestraft? Haben Sie körperliche Gebrechen? Haben Sie weniger als 200 M im Vermögen und wenn ja, wieviel? All das und noch einiges mehr muß gewissenhaft beantwortet werden.

Für die Zwischendeckreisenden gestaltet sich dann der Einzug in das „Land der Freiheit" häufig ganz anders, als sie es sich in der Heimat ausgemalt haben. Manch einem mag wohl schon auf der Fahrt der Mut etwas vergangen sein in dem engen, überfüllten Raum, in der verbrauchten, stickigen Luft. Bevor das Schiff in den Hafen von New York einfährt, findet eine oberflächliche ärztliche Untersuchung der Zwischendeckreisen=

den ſtatt; wer nur im geringſten verdächtig iſt, darf nicht weiterfahren, ſondern wird mit den anderen Perſonen, bei denen ſonſt irgend etwas beanſtandet wird, nach Ellis Island gebracht, einer kleinen Inſel im Hafen, die nur dem Aufenthalt dieſer Paſſagiere dient. Hier findet eine weitere Ausmuſterung ſtatt. Vielen wird die Weiterfahrt bald geſtattet, und ſie werden zu den Bahnhöfen, die in das Innere des Landes führen, befördert; dabei vermeidet man aber, daß ſie die Stadt New York berühren, um die unerfahrenen Fremden, die „greenhorns“, wie der Einheimiſche ſie nennt, vor den Bauernfängern dort zu bewahren. Alleinreiſende Mädchen werden nicht hineingelaſſen, wenn ſie nicht von einer ſich ausweiſenden Verwandten oder einer Arbeitgeberin abgeholt werden. Holt ein Bräutigam ſeine Braut ab, ſo muß das Paar ſich auf Ellis Island trauen laſſen, erſt dann darf es den Boden des Landes betreten. Viele Reiſende müſſen lange Zeit warten, ehe die Unterſuchungen abgeſchloſſen ſind; laſſen ſie ſich auf einen ablehnenden Beſcheid dann nicht ein, ſo kann es noch monatelang dauern, ehe eine definitive Entſcheidung aus W aſhington eintrifft. Hier auf der Inſel beginnt nun aber auch eine großartige Hilfstätigkeit. Die verſchiedenſten Nationalitäten haben ihre Vertreter hier; ſie ſchreiben Briefe für die Ausgewanderten; ſie geben Rat über die Reiſeverbindungen; ſie ſuchen Beziehungen zu Arbeitgebern und Verwandten herzuſtellen; ſie bemühen ſich in jeder Weiſe, die oft recht ſchwierigen Angelegenheiten zu ordnen. Welche Wohltat mag es dem Alleinſtehenden ſein, wenn er in dem fremden, unheimlichen Land, das ihn nicht aufnehmen will, einem mitfühlenden, verſtändnisvollen Menſchen ſein Herz ausſchütten kann!

Diejenigen, den der Eintritt definitiv nicht geſtattet wird, werden auf dem nächſten Dampfer wieder in die Heimat zurückbefördert; die Dampfergeſellſchaften ſind verpflichtet, das koſtenlos zu tun. Noch vor kurzem iſt der berühmte „Hauptmann von Köpenick“ auf dieſe Weiſe wieder nach Deutſchland zurückgekommen.

Dieſe Vorſchriften mögen den Einzelnen oft hart treffen. Wir dürfen aber nicht vergeſſen, daß ein Heer von faſt einer Million Menſchen die Vereinigten Staaten jährlich zu überfluten ſucht; zum größten Teil Menſchen, die auf ſehr niedriger Kulturſtufe ſtehen; man denke nur an die ruſſiſchen, polniſchen und galiziſchen Juden. Durch ſie werden alle Lebensverhältniſſe erſchwert, die Lebenshaltung weiter Kreiſe und vor allem die Lohnverhältniſſe gedrückt. Da iſt eine gewiſſe Zurückhaltung unentbehrlich.

Wie ſchwer iſt alles für die kürzlich Eingewanderten! Sie verſtehen die Sprache des Landes nicht, ſeine Sitten ſind ihnen fremd; die ganze Art des Verkehrs und der Arbeit iſt ihnen neu und ungewohnt. Da iſt es denn kein Wunder, wenn viele bald in dem Strudel dieſes Lebens völlig untergehen, oder ſich nur nach langen ſchweren Kämpfen in die Höhe arbeiten. Allerdings gibt es auch zahlreiche Vereine, die gerade den Fremden helfen wollen. Viele haben ſich die Hilfeleiſtung für eine beſtimmte Nationalität zur Aufgabe gemacht; ihre Mitglieder lernen etwas von der Sprache, um den Leuten näher kommen zu können. Die School of Philantropie in New York, die eine ſyſtematiſche

Ausbildung für die soziale Arbeit gibt, hat einen besonderen Sprachunterricht für diese spezielle Arbeit eingerichtet.

Trotzdem nun die verschiedenen Nationalitäten fest zusammenhalten, trotzdem sie ihre eigenen Kirchen haben und in einem Stadtteil zusammenwohnen, passen sie sich doch verhältnismäßig schnell den veränderten Verhältnissen an und fühlen sich bald als vollberechtigte Bürger des großen Reiches. Die nächste Generation ist meist schon ganz amerikanisch geworden.

Einen Beweis dafür gab mir eine hübsche Szene, die ich in Baltimore, in einem Housemakers Club, einem Verein der Hausfrauen, erlebte. Die Mitglieder dieses Vereins, meist Handwerkerfrauen, kommen alle 14 Tage zusammen; dann wird etwas gelesen oder vorgetragen oder es wird auch ein Vortrag mit Lichtbildern veranstaltet. Als ich dort war, fand gerade die Wahl der Präsidentin und der anderen Vorstandsmitglieder statt. Die Frauen beteiligten sich sehr lebhaft und parlamentarisch geschickt an den Verhandlungen, und die vorige Präsidentin, eine hübsche, fast elegante junge Frau, wurde wieder gewählt. Nachher wurde ich von der Dame, die mich hingeführt hatte, vorgestellt, und ich mußte wohl oder übel einige Worte sprechen. Nach Schluß der Sitzung kamen einige Frauen auf mich zu, begrüßten mich in deutscher Sprache und erzählten mir mancherlei aus ihrem Leben. Eine war aus dem Hessischen, eine andere aus Hannover, die Mutter einer dritten war Stubenmädchen im Schlosse des alten Kaisers gewesen. Sie sprachen deutsch, aber oft untermengt mit englischen Wendungen. Sie übersetzten aus dem Englischen, das merkte man; so fragten sie: wie leiken Sie Amerika? ja sogar: wie gleichen Sie Amerika? How do you like America? Das ist ein Anfang einer Amerikanisierung, die man bedauern kann, die aber unvermeidlich ist. Aber eine sehr erfreuliche Amerikanisierung scheint mir diese Teilnahme an dem Klub, an seinem gesunden, fröhlichen Leben zu sein. Ich fürchte, es würde bei uns schwer halten, unsere guten Hausfrauen dazu zu bewegen, alle 14 Tage ihren Haushalt für einen ganzen Nachmittag im Stich zu lassen. Diese Frauen richten es eben so ein; und sie sprachen mit ziemlichem Tadel von einer Frau, die ihren Austritt aus dem Klub angezeigt hatte, weil es ihr nicht möglich sei, ihre Wäsche an einem anderen Tag als Dienstag, dem gewöhnlichen Sitzungstage, abzuhalten.

II. Negerfrage.

Eines der wichtigsten Probleme der Vereinigten Staaten, das uns sehr bald in die Augen fällt, dessen Verständnis aber für uns fast unmöglich ist, ist die Negerfrage. Das Land hat eine Bevölkerung von 10 Millionen Negern, deren Vorfahren bekanntlich im 17. Jahrhundert als Sklaven für die Bearbeitung der großen Baumwollplantagen des Südens eingeführt wurden. Wir dürfen nicht vergessen, daß im Süden seit der Abschaffung der Sklaverei noch nicht 50 Jahre vergangen sind; daß ihre Wiedereinführung für manche Menschen gar kein unmöglicher Gedanke ist.

Ich möchte von dem erzählen, was ich in bezug auf die Negerfrage in Baltimore, im Staat Maryland, der auf der Grenze zwischen Nord- und Südstaaten liegt und selbst ein Sklavenstaat war, erlebt habe. Im Norden liegen die Verhältnisse etwas anders, da waren sie nie so zugespitzt.

Die Schulen und anderen Anstalten sind völlig getrennt für die beiden Rassen. Weiße Eltern würden es nie erlauben, daß ihre Kinder mit Schwarzen auf einer Bank säßen. Ich las eines Tages eine ganz interessante Geschichte in der Zeitung. Zwei kleine Schwestern hatten schon einige Jahre eine Schule für weiße Kinder besucht. Plötzlich stellte sich heraus, daß eine ihrer Vorfahren der Negerrasse angehört hatte. Sofort verlangten die Eltern der andern Kinder, daß jenen Beiden der fernere Besuch der Schule untersagt würde; ein Protest gegen dies Verlangen war vergebens, die Schwestern mußten die Schule verlassen.

In die besseren Theater wird kein Neger hineingelassen. In einem Volkstheater sah ich, daß sie die Plätze in und über dem zweiten Rang einnahmen. Auch im Kinematographentheater wird der Neger schon an der Kasse zurückgewiesen. Eine ergötzliche Szene erlebte meine Freundin in einem solchen Theater. Es wurden auf der Bühne Niggersongs von schwarz aussehenden Männern gesungen; das Publikum, das glaubte, es seien Neger, fing an, zu johlen und zu pfeifen und beruhigte sich erst, als die Leute ihre schwarzen Handschuhe aufstreiften und ihre weißen Arme zeigten.

Man sagt den Negern nach, ob mit Recht oder Unrecht, kann ich nicht entscheiden, daß sie sich leicht an weißen Frauen vergreifen. Jedenfalls kommen derartige Fälle vor und werden in Zeitungen mit einer gewissen Genugtuung veröffentlicht. Nach einem derartigen Angriff oder gar einem Mord an einer Weißen kennt die Wut der weißen Bevölkerung keine Grenzen: da wird die grausamste Lynchjustiz an dem Verbrecher geübt. Selten gelingt es der Polizei, ihn sicher ins Gefängnis zu bringen. Geschieht es, so kann es dann vorkommen, daß die Menge das Gebäude angreift und daß das zum Schutz requirierte Militär den Gehorsam verweigert und erklärt, es schieße nicht auf die Bevölkerung. Gelingt es aber, den schwarzen Verbrecher der Polizei zu entreißen, dann ist keine Todesart grausam genug für ihn. Ich las von einem solchen Fall. Die wütende Menge hatte einen angeklagten Neger den Polizeibeamten entrissen; sie schleppte ihn stoßend und schlagend in ihr Dorf zurück. Dort wurde er von den Wütenden, allen voran von den Frauen, zu Tode gesteinigt; um die Asche stritten sich die Anwesenden, denn ihr soll geheime Zauberkraft innewohnen.

Von vielen Amerikanern wird der Negerrasse als solcher die Fähigkeit abgesprochen, jemals eine höhere Kulturstufe zu erreichen. Ich kann darüber natürlich nicht urteilen; nur glaube ich, daß manchmal bei diesen Urteilen der Rassenhaß zu sehr mitspricht; und dann vergißt man wohl öfters, daß aus unfreien Sklaven nicht in einem Menschenalter hochentwickelte, freie Bürger werden können; um so weniger, als sie sich auch körperlich erst an die veränderten Verhältnisse gewöhnen müssen. Die Neger hatten es ja früher, wo sie als Besitztum wert gehalten wurden, zum Teil sehr viel besser als jetzt, wo sie für sich selbst sorgen müssen.

Von anderer Seite wird den Negern eine gute Intelligenz zugeschrieben. Ein Beweis für diese Ansicht ist jedenfalls das Tuskegee-Kollege in Alabama. Sämtliche Lehrer dieser für Schwarze bestimmten Schule sind selbst Neger; Booker T. Washington, ihr Leiter, ist noch als Sklave geboren. Durch eiserne Energie und rastlosen Fleiß hat er sich seine Ausbildung verschafft, hat er später in der Einrichtung und Ausgestaltung der Anstalt das Größte für seine Rasse geleistet. Tausende von jungen Leuten beiderlei Ge=

schlechts haben hier im Laufe der Zeit ihre wissenschaftliche, industrielle und landwirtschaftliche Ausbildung erhalten. In richtiger Erkenntnis der tatsächlichen Verhältnisse hat Professor Washington von Anfang an das größte Gewicht auf die Erzielung derjenigen Fähigkeiten gelegt, die das Leben in den Südstaaten von dem Neger verlangt: Verständnis für die Bodenbeschaffenheit und ihre reichen Ausnutzungsmöglichkeiten; Verständnis für die Anwendung der modernen Hilfsmittel der Landwirtschaft; Verständnis für Reinlichkeit und Hygiene des täglichen Lebens, Handfertigkeit und dergleichen. Hunderte von jungen Negern arbeiten hier 10 Stunden täglich auf den Bauten der Anstalt, auf ihren Feldern, um dadurch sich die zwei Stunden des täglichen Abendunterrichts zu verdienen und um später in die Tagesschule aufgenommen werden zu können. Die Liebe zur Bildung läßt sie geduldig alle Anstrengungen ertragen. Booker Washington hat das in seinem reizvollen Buch „Up from slavery" geschildert. Eine ganz neue Welt tut sich hier vor uns auf. Ähnliche Ideen wie in diesem Buch werden auch in einer andern Selbstbiographie ausgesprochen, in Nicholas Worth's „The Southerner". Auch Worth, ein Nachkomme einer alten Aristokratenfamilie des Südens, sieht in der Erziehung, vor allem in der landwirtschaftlichen und gewerblichen Erziehung des Negers, die Lösung des Problems. Ich selbst habe keinen Amerikaner getroffen, der einen Ausweg aus den Schwierigkeiten wußte; die Leute, die ich sprach, sahen die Sachlage ziemlich hoffnungslos an.

Sehr interessant war mir der Einblick, den ich

gelegentlich einer Wahl in Baltimore gewann. Zugleich mit der Wahl von einigen Parlamentsmitgliedern und einigen Staats- und Stadtbeamten sollte eine Abstimmung über eine Änderung der Verfassung des Staates Maryland stattfinden. Und zwar sollte durch dieses „amendment" das Wahlrecht geändert werden, mit dem ausgesprochenen Zweck, das Wahlrecht der Neger zu beschränken, ja in Wahrheit fast unmöglich zu machen. Da die Verfassung der Union es ausdrücklich verbietet, einen Bürger wegen seiner Zuhörigkeit zu einer bestimmten Rasse vom Wahlrecht auszuschließen, so mußten allerlei andere Gründe gesucht werden, durch die das gewünschte Ziel ohne Verletzung der Verfassung erreicht werden konnte. Nach dem amendment sollte in Zukunft nur wählen können, 1. wer das Wahlrecht schon vor 1869 besessen hatte (aus diesem Jahr stammt das Verbot der Wahlrechtsbeschränkung wegen Zuhörigkeit zu einer bestimmten Rasse); 2. die männlichen Nachkommen der unter 1 genannten Personen; 3. naturalisierte Ausländer; 4. männliche Nachkommen der unter 3 genannten Personen; 5. wer schriftlich, im Beisein von Kontrollbeamten, ohne fremde Hilfe, um Eintragung in die Wählerliste eingekommen ist; dazu müssen genau die Personalien angegeben werden, Beschäftigung, Arbeitgeber; dann wird Namensangabe des Präsidenten der Vereinigten Staaten verlangt, Namensangabe von verschiedenen Unions-, Staats- und Stadtbeamten, kurz der Einkommende muß den Beweis einer gewissen Bildung erbringen (der sogenannte educational test); 6. wer ein Eigentum von $ 500 hat.

Die Erfüllung **einer** der ſechs Bedingung genügt zur Zulaſſung zur Wahl. Es iſt nun zu beachten, daß für **jeden** Weißen eine der unter 1 bis 4 genannten Bedingungen zutrifft, daß für ihn der Nachweis von Bildung oder Eigentum alſo nicht verlangt wird. Anders aber für die Neger; und da ein großer Teil von ihnen nicht leſen oder ſchreiben kann, auch kein Eigentum beſitzt, ſo würde dieſer durch das amendment vom Wahlrecht ausgeſchloßen werden.

Aus den zahlreichen Gründen, die die Demokraten für die Einbringung dieſer Vorlage anführten, ſeien die folgenden hervorgehoben.

Man ſagte: Die Neger haben gar keine eigene politiſche Meinung; ſie wählen als Maſſe unter der Leitung der republikaniſchen Partei für deren Kandidaten. Da in manchen Teilen des Staates die farbige Bevölkerung zahlreicher iſt als die weiße, ſo kann es vorkommen, daß die Republikaner ſich den Wünſchen der Neger fügen müſſen. Der große Einfluß der ungebildeten Neger iſt ſehr ſchädlich. Nach einer Statiſtik, die die demokratiſche Zeitung „Baltimore Sun" im vorigen Jahr veranſtaltet hatte, konnten in den verſchiedenen Counties des Staates weder ihren Namen ſchreiben, noch den Wahlzettel leſen bei einer Geſamtbevölkerung

von	3324	1839
„	1290	785
„	2124	1478
„	1877	1067
„	2664	1583
„	1608	1031

Auch unter den Weißen gibt es Analphabeten, aber nicht in so großer Zahl; und sie sollten durch das amendment nicht getroffen werden.

Das größere Gewicht, das die Gebildeten durch den Ausschluß der Neger erhalten würden, wäre sehr zu begrüßen. Da in einigen der Südstaaten das Wahlrecht der Neger schon beschränkt worden ist, wird der Zuzug nach Maryland immer größer; ganze Stadtteile von Baltimore sind entwertet worden dadurch, daß Neger dort Häuser erwarben. Wenn immer mehr Neger in den Staat kommen, so wird die republikanische Partei immer mehr gestärkt; und durch diese Partei wiederum werden den Negern immer mehr Privilegien gewährt als Belohnung der Stimmabgabe für die republikanische Partei. Schon einmal ist während der Herrschaft dieser Partei versucht worden, das Verbot der Heirat zwischen den Rassen aufzuheben. In einem Appell an die weißen Frauen von Maryland wird ausgeführt: Der politische Einfluß stärkt bei der farbigen Bevölkerung den jetzt schon latent vorhandenen Wunsch nach gesellschaftlicher Gleichberechtigung; im Staate Pennsylvanien z. B. hat sie es durchgesetzt, daß gemischte Schulen eingerichtet wurden, „ein empörender Gedanke für jede weiße Mutter". Weiter sagt man, daß die Beschränkung, da wo sie eingeführt ist, sehr günstig auf die Erziehung und den Sparsamkeitssinn der Neger eingewirkt habe; das amendment sei also für die Neger selbst nur nützlich.

Das sind gewiß alles Gründe, die ihre Berechtigung haben; man darf nur nicht vergessen, daß sie zum Teil nur künstlich herbeigeholt sind zur Unterstützung des

Grundgedankens, „Maryland ist bis jetzt ein Staat der Weißen gewesen und soll es weiter bleiben".

Die Republikaner dagegen erklärten, das amendment bedeute eine Verletzung, wenn auch nicht des Buchstabens, so doch des Geistes der Unionsverfassung. Sie führten ferner gegen das amendment den folgenden Grund an. Durch den Wegfall der Negerstimmen wird die republikanische Partei sehr an Einfluß verlieren; es besteht sogar die Gefahr, daß die Demokraten völlig zur Alleinherrschaft gelangen würden; und diese Alleinherrschaft einer Partei habe noch immer zur Korruption geführt.

Es war mir natürlich nicht möglich, in diesem heftig wogenden Kampf mir eine eigene Meinung zu bilden; aber interessant war das Treiben in jedem Fall. Der Ausfall der Wahl brachte dann den Demokraten eine Stärkung, zugleich aber die Ablehnung der von ihnen vorgeschlagenen Verfassungsänderung.

III. Die Fürsorge für Bedürftige.

Eine staatliche oder städtische Fürsorge für Bedürftige gibt es außerhalb der Armenhäuser nicht. Da die Vereinigten Staaten auch keine Alters- und Invaliditätsversorgung kennen, kann man sich denken, welche Lasten auf den privaten Hilfsvereinen liegen. In manchen Städten sind diese Gesellschaften ausgezeichnet organisiert und leisten Hervorragendes. So haben sich in Baltimore mehrere solche Vereine zu den Federated Charities, den vereinigten Wohlfahrtsbestrebungen, zusammengeschlossen. In dem Zentralbureau wird ein riesiges Kartenregister aller unterstützten Personen ständig auf dem Laufenden erhalten. Die angeschlossenen Vereine melden jedes Bittgesuch, jede von ihnen gewährte Unterstützung hierher. Vereine und Privatpersonen können jederzeit Auskunft über die Hilfsbedürftigen erhalten. Das Zentralbureau unterhält 12 Bezirksbureaus in den verschiedenen Stadtteilen, die die praktische Arbeit zu tun haben. Jedes solche Office wird von einer besoldeten Beamtin geleitet, der eine Anzahl von freiwilligen Helfern zur Seite steht; besonders tätig haben sich die Studierenden des berühmten Johns Hopkins Hospital erwiesen. An dieses Bezirksbureau gehen die Meldungen der zu behandelnden Einzelfälle; von hier aus werden die

Recherchen gemacht; hier finden wöchentliche Zuſammenkünfte der Helfer ſtatt, bei denen die einzelnen Fälle zur Beratung kommen. Der Verein gewährt die zum Leben nötige Unterſtützung, wie etwa unſere Armenverwaltung es tut; er ſucht daneben aber auch, den Urſachen der Armut nachzugehen und ſie zu beſeitigen. Das kommt auch in den vortrefflichen Anweiſungen an die Helfer, die „friendly visitors", überall zum Ausdruck. Der Helfer ſoll verſuchen, möglichſt genauen Einblick in die Verhältniſſe der Familie zu gewinnen; er ſoll den Urſachen des Notſtandes nachforſchen und immer das ganze im Auge behalten. Es kommt nicht ſo ſehr darauf an, im Augenblick Geld zu geben, obwohl auch das zur rechten Zeit geſchehen ſoll, ſondern es ſoll möglichſt dauernd geholfen werden. So bemüht man ſich, Arbeitsgelegenheit zu beſorgen, ſo ermöglicht man den Kranken die vorgeſchriebene Kur, ſo bringt man die Kinder in Erholungsſtätten und dergleichen mehr.

Neben dieſer praktiſchen Tätigkeit ſtellt die Geſellſchaft auch wiſſenſchaftliche Unterſuchungen an, deckt geſetzliche Lücken auf, und bereitet neue Geſetze vor. Ihren Bemühungen iſt der Erlaß eines Kinderſchutzgeſetzes im letzten Jahr zu danken; ſie hat eine Enquete über die Wohnungsverhältniſſe veranſtaltet, die hoffentlich zu einer Änderung der ſtädtiſchen wohnungspolizeilichen Vorſchriften führen wird.

* * *

Eine andere private Hilfstätigkeit, von der ich bei uns noch nichts gehört hatte, lernte ich beim Johns

Hopkins Hospital in Baltimore kennen, den sogenannten social service, den sozialen Dienst im Krankenhaus.

Eine für dieses Amt besonders angestellte Dame hat ihr Bureau in der Anstalt und hält dort bestimmte Sprechstunden ab. Die Kranken, die aus der ärztlichen Behandlung entlassen werden, die aber noch irgend ein Anliegen, einen Kummer haben, werden von den Ärzten mit einer Überweisungskarte zu ihr geschickt; es gibt doch unter ihnen so viele, deren körperliches Leiden nur ein Teil, oft nur die Folge von andern Leiden ist. Hier eröffnet sich natürlich ein weites Feld der Tätigkeit für die zu diesem Dienst Berufene. Da kommt eine junge uneheliche Mutter mit ihrem Kind; sie kann nicht mehr im Krankenhaus behalten werden, arbeiten aber kann sie noch nicht, sie hat kein Heim und weiß nicht wohin mit sich und mit ihrem Kind. Da wird nun vor allem ein Unterkommen für die nächste Zeit verschafft. Die Dame weiß, ob im Mütterheim der Stadt noch ein Platz frei ist, oder wer sonst die junge Mutter aufnehmen kann. Sie gibt dem Mädchen eine Empfehlung an die Säuglingsfürsorgestelle, damit das Kind die nötige ärztliche Beaufsichtigung haben kann. Ist so für den Augenblick gesorgt, so versucht man vielleicht, mit den auswärts lebenden Eltern des Mädchens eine Aussöhnung herbeizuführen und sie zu bewegen, ihr Kind wieder bei sich aufzunehmen. Auf diese Weise mag manch junges Menschenkind vor dem Elend bewahrt und manch Kindesleben gerettet worden sein.

Andere Kranke werden den Lungenfürsorgestellen

oder den Vereinigten Wohlfahrtsbestrebungen überwiesen. Es ist ja dort wie bei uns: die wenigsten Menschen kennen die ihnen zu Gebote stehenden Hilfsmittel oder wissen sie richtig zu gebrauchen. Als ich mich mit der Dame unterhielt, kam ein alter Mann zu ihr; sein verletzter Daumen war einigermaßen wieder geheilt, das Bett im Krankensaal wurde anderweitig gebraucht, so mußte er entlassen werden; arbeiten konnte er aber noch nicht; Geld besaß er nicht, Verwandte auch nicht, er wußte gar nicht, was tun. Nun wurde lange Zeit hin und her telephoniert — und schließlich war es gelungen, ein freies Unterkommen zu besorgen, bis der Mann wieder arbeitsfähig sein würde.

Man kann sich denken, welch große Mühe und Ueberlegung diese Tätigkeit erfordert; bis jetzt ist nur die eine Dame angestellt; aber viele Ärzte der Anstalt helfen mit durch Besuche in der Häuslichkeit der Kranken; eine junge Helferin kommt jeden Vormittag, um die schriftlichen Arbeiten mit der Maschine zu erledigen. Die Einrichtung ist in ihren Anfängen, aber sie hat sicher eine große Zukunft vor sich.

* * *

Im Gegensatz zu vielen dieser privaten Organisationen läßt die öffentliche geschlossene Armenpflege sehr vieles zu wünschen übrig. In den Armenhäusern werden nicht viele Unterschiede gemacht, die verschiedensten Leute kommen hier zusammen; wohnungslose Familien, Witwen oder eheverlassene Frauen, die ihren Unterhalt nicht erwerben können mit ihren Kindern, alte und gebrechliche Personen, Kranke, ja auch Geisteskranke. Man möchte die Schilderungen über diese Anstalten nicht glauben, und doch finden sie sich in den Veröffentlichungen der Überwachungskommissionen, sind also amtlich beglaubigt. Mit wahrem Entsetzen las ich den Bericht der Lunacy-Commission des Staates Maryland. In Maryland ist die Sorge für die Geisteskranken nicht vom Staat geregelt, sondern den einzelnen Counties überlassen. Dadurch ergeben sich große Verschiedenheiten in den verschiedenen Gegenden des Staates. In den Städten liegen die Dinge verhältnismäßig günstig; aber auf dem Lande, wo keine Mittel und noch weniger Verständnis vorhanden ist, spotten sie jeder Beschreibung. In manchen Orten werden die Kranken, wenn sie ihrer Familie lästig geworden sind, zuerst in das Ortsgefängnis gebracht, wo sie bleiben, bis weiter über sie beschlossen ist; das dauert unter Umständen 30 bis 60 Tage! Genügende ärztliche Pflege und Aufsicht gibt es nicht. Manche Kranke werden dann in die mehr oder weniger guten Spezialanstalten gebracht, ein großer Teil aber in die Armenhäuser. Hier herrschen — nach den Berichten der Kommission — die grauenhaftesten Zustände, besonders in den Häusern für die Neger. Kranke und Gesunde sind nicht voneinander getrennt, Erwachsene und Kinder hausen zusammen, auch kranke Männer und Frauen. Als die Folge hiervon wird ein Beispiel angeführt: ein epileptisches schwachsinniges Mädchen erwartete Mutterfreuden, der Vater war ein ganz verkommener seniler Trinker. Ärztliche Pflege gibt es auch hier nicht; sind die Kranken unruhig, so werden sie mit Zwangsjacken, Handschellen und Ketten be=

handelt, oder ſie werden in enge Käfige geſperrt, damit ſie keinen Schaden anrichten können. Man glaubt wirklich, mittelalterliche Schauergeſchichten zu leſen, und doch ſind es tatſächliche Zuſtände aus dem modernen Amerika des 20. Jahrhunderts. Ich bin aber auch überzeugt, daß, wenn wie beabſichtigt, der Staat im nächſten Jahr die Sorge für dieſe Kranken in ſeine Hand nimmt, dann raſch Abhilfe geſchaffen wird; daß Anſtalten entſtehen werden, allen modernen hygieniſchen ſpezialärztlichen und auch künſtleriſchen Anforderungen entſprechend, ſchöner und großartiger als wir es in Europa gewohnt ſind. Es wird eines jener „ſwift American miracles of organiſation and finance“ geſchehen, von denen Wells in ſeinem leſenswerten Buch „The future in America“ ſpricht. Eines jener Wunder, durch die das Mittelalter in kürzeſter Zeit in die modernſte Neuzeit verwandelt wird.

IV. Ein Waisenhaus in Baltimore.

Etwas von mittelalterlichen Ideen finden wir vielfach auch noch in der Waisenpflege. Sie ist oft noch garnicht geregelt. Die Kinder werden einfach in die großen Waisenhäuser gesteckt, ohne daß viel danach gefragt wird, woher sie kommen, und wer eigentlich für sie zu sorgen hat. Die wohltätige Anstalt übernimmt sie und zieht sie auf, so gut oder so schlecht sie eben ihren Mitteln nach kann.

So sah ich ein Waisenhaus in Baltimore, von dem erzählt wird, daß die Sterblichkeit 97 % beträgt! Ich kann die Zahl nicht nachprüfen, aber was ich von der Anstalt gesehen habe, läßt sie mir nicht ganz unwahrscheinlich erscheinen. Es sind etwa 600 Kinder vom ersten Tage bis zum sechsten Lebensjahr dort untergebracht. Die Räume sind sehr eng und düster, die Luft war fast überall derartig, daß ich es nicht begriff, wie die Schwestern es dabei aushalten konnten. Die Kinder sahen fast alle elend aus, blaß und schmutzig und voll Ausschlag im Gesicht und auf dem Kopf. In dem oberen Stockwerk sind die 100 Säuglinge, fast alles jammervolle kleine Geschöpfe. Man darf ja nun nicht vergessen, daß es die Ärmsten der Armen sind, die hierher kommen; Kinder, die niemand mehr haben, der für sie sorgt; Kinder, die von ihren Müttern aus=

gesetzt oder verlassen worden sind, Findelkinder, deren Herkommen ganz unbekannt ist; etwas besser könnte es aber doch um sie stehen, wenn die genügenden Mittel vorhanden wären. So aber sind nur zwei Schwestern für die 100 Kinder angestellt; da ist es denn kein Wunder, wenn nicht auf jedes einzelne Kind die nötige Zeit zur Pflege verwendet werden kann. Als ich herumging, hatten die Kleinen gerade ihre Milch bekommen, aber fast allen war die Flasche wieder entfallen und lag neben ihnen im Bettchen; die Schwestern hatten einfach keine Zeit, noch einmal wieder nachzusehen. Für die ansteckend Kranken sind keine genügend abgesperrten Räume vorhanden, Übertragungen sind daher sehr häufig. Der Eindruck, den ich von der ganzen Einrichtung dieser Anstalt empfing, war durchaus niederdrückend.

* * *

Wie großartig sich moderne Ideen sich in die Wirklichkeit umsetzen können, wenn die richtigen Menschen dahinterstehen, die auch die nötigen Geldmittel zur Verfügung haben, sah ich in Cleveland, wo die Säuglingsfürsorge nach deutschem Muster eingerichtet ist. Der leitende Arzt, der in Deutschland seine Studien gemacht hat, hat seine hiesigen Erfahrungen drüben mit dem besten Erfolg verwertet. Schon in den ersten Jahren des Bestehens der Einrichtung ist die Sterblichkeitsziffer erheblich zurückgegangen.

Von einem großen Verein sind Säuglingsfürsorgestellen geschaffen worden; der Verein stellt die Ärzte und die Pflegerinnen; seit dem letzten Jahr haben die städtischen Behörden die Besoldung von zwei Pflegerinnen übernommen, gewiß ein Zeichen der Anerkennung für die Tätigkeit des Vereins. In den Fürsorgestellen (einer Hauptstellen und vier Zweigstellen) werden die Kinder regelmäßig untersucht und gewogen, es werden die nötigen Anweisungen für ihre Pflege und Ernährung gegeben, wie bei uns auch. Großes Gewicht legt man darauf, daß auch die ganz gesunden Kinder regelmäßig zur Kontrolle gebracht werden, damit jede Unregelmäßigkeit sofort behandelt werden kann. Auch Medikamente und ärztliche Hilfsmittel werden gegeben, ebenso Anweisungen auf gute Milch, die zu einem geringen Preis gebrauchsfertig geliefert wird; für ganz Unbemittelte übernimmt ein anderer Verein die Kosten.

Ein wichtiger Teil der Tätigkeit liegt außerhalb der Fürsorgestelle, bei den Pflegerinnen; das sind gebildete Frauen, die in der Krankenpflege, speziell in der Kinderpflege völlig ausgebildet sind, die aber auch Erfahrung in der sozialen Arbeit haben. Sie gehen in die Häuser, sehen nach, ob die Kinder auch wirklich den Anordnungen des Arztes gemäß behandelt werden; sie helfen nach, wo sie können; sie überweisen die Fälle auch, wenn nötig, an andere Vereine. Wie schwierig die Verhältnisse liegen, ersieht man daraus, daß im letzten Berichtsjahr Kinder von 28 verschiedenen Nationalitäten nach der Fürsorgestelle gebracht wurden. Die, nebenbei bemerkt, sehr guten Anweisungshefte, die den Müttern mitgegeben werden, sind in 7 verschiedenen Sprachen gedruckt. Ebenso werden auch die belehren=

den Vorträge, die der Verein veranstaltet, in mehreren Sprachen gehalten. Im letzten Sommer hat der Verein eine neue Einrichtung geschaffen, die sich sehr bewährt hat; er richtete in den heißesten Wochen ein Zeltlager für 32 Kinder ein, deren häusliche Pflege ungenügend war, und die doch keine Aufnahme in ein Krankenhaus finden konnten. Die Kinder haben sich dort sehr gut erholt; nächstes Jahr soll die Einrichtung daher weiter ausgedehnt werden. Außerdem plant der Verein die Errichtung eines eigenen Kinderkrankenhauses; jetzt ist es oft unmöglich, kranke Kinder in ein Krankenhaus unterzubringen, da die Zahl der Betten viel zu gering ist.

Die ganze Organisation des Vereins scheint mir auf sehr guter, gesunder Grundlage zu ruhen. Und bei der großen Bedeutung, die gerade eine vernünftige Säuglingspflege für ein Gemeinwesen hat, kann man der Stadt Cleveland, deren Fürsorgetätigkeit auch sonst sehr gut organisiert ist, doch besonders zu dieser Einrichtung Glück wünschen.

V. Glückliche taubstumme Kinder.

Einen der erfreulichsten Eindrücke erhielt ich in einer Anstalt für taubstumme Kinder in Philadelphia. Die beiden Häuser, die für den Aufenthalt von 60 Kindern bestimmt sind, liegen außerhalb der Stadt, nahe dem schönen Fair Mount Parc. Ich hatte noch keine Anstalt für Taubstumme gesehen, und ich muß gestehen, ich fürchtete mich etwas davor. Aber der Anblick dieser gesunden, fröhlichen Kinderschar ließ ein Gefühl des Bedauerns gar nicht aufkommen; man würde auch nie den Gedanken haben, daß sie, wie es doch der Fall ist, aus elenden, zum mindesten ärmlichen, Verhältnissen stammen. Die Anstalt selbst ist sehr hübsch, behaglich, familienmäßig eingerichtet; man muß sich gleich beim Eintritt wohl fühlen. Die Kinder werden möglichst früh, d. h. schon nach dem zweiten Jahr, aufgenommen. Der Grundsatz der Schule ist: „Bei der Erziehung der natürlichsten Methode zu folgen, um die Kinder so viel es nur geht für das normale Leben und die normale Arbeit in der hörenden Welt, in der sie doch zu leben haben, tauglich zu machen". Das kann nur Erfolg haben, wenn die Unterweisung schon im frühesten Alter beginnt. Die „natürlichste" Methode besteht darin, daß die Lehrerin sich bemüht, den Nachahmungstrieb, der ja in jedem Kind vorhanden ist, zu wecken und sich zunutze zu machen. So nimmt sie scherzend einen kleinen Kerl auf den Schoß, hält ihm und sich selbst einen Spiegel vor und spricht ihm Worte vor; der Kleine weiß gar nicht, daß es sich um einen Unterricht handelt, ganz von selbst bemüht er sich, die Mundstellungen der Lehrerin nachzumachen. Das ist der Anfang. Dann nimmt man vielleicht das Bild der Eltern und Geschwister und spricht dazu die Namen aus — das Kind spricht nach und lernt so allmählich einen immer größeren Wortschatz kennen. Eine unermüdliche Geduld gehört allerdings für die Lehrende dazu; immer wieder muß das Wort vorgesprochen werden, immer wieder muß man das Kind wiederholen lassen, bis ein einigermaßen verständlicher Laut hervorgebracht wird. Ich sah zwei Unterrichtsstunden mit an; ich bewunderte die Geduld der Lehrerin; ich bewunderte aber auch die Kenntnisse der Kinder. Und was das Beste ist — die Stunde machte allen die größte Freude; die Kinder konnten es oft kaum erwarten, eine Antwort zu geben; einer wollte dem andern zuvorkommen.

Das Ziel der Anstalt ist, die Kinder so bald wie möglich soweit zu bringen, daß sie dem Unterricht in den gewöhnlichen Schulen folgen können. Es ist erstaunlich, wie gut dieses Ziel erreicht wird. Die Kinder sind, wenn sie zur Schule kommen, vielleicht etwas älter wie ihre Klassengenossen, sie sind aber geistig viel reger und fassen schneller auf; so kommen sie gut mit den andern fort; das einzige, was für sie verlangt wird, ist, daß sie vorn sitzen dürfen, wo sie der Lehrerin gut auf den Mund sehen und sich selbst besser verständlich machen können. Ich habe mehrere Briefe von Lehrerinnen solcher Kinder gelesen; alle geben ihrer Freude über die guten Fortschritte Ausdruck; eine Dame schreibt, der Erfolg der Methode „war eine Offenbarung für mich“. Die meisten der früheren Anstaltszöglinge können ihren Unterhalt selbst erwerben, manche unterstützen ihre Angehörigen; ein Junge von 17 Jahren schickte eine nicht geringe Summe seines ersparten Geldes an die Anstalt, damit andere Kinder derselben Wohltat teilhaftig werden könnten wie er selbst. Gewiß ein schöner Erfolg! Ein Erfolg sind auch schon die frohen glücklichen Gesichter der Kinder in den beiden gemütlichen Häusern.

VI. Bryn Mawr. Schulpflicht. Kinderarbeit.

Wieder etwas Neues war es, das ich in dem berühmten Frauen-College Bryn Mawr bei Philadelphia kennen lernte. Unvergessen wird mir der herrliche Herbstnachmittag bleiben, den ich da draußen in der schönen, parkartigen, hügeligen Gegend verbrachte. Die acht oder zehn Wohnhäuser für die Studierenden, im Stil der altenglischen Gotik gebaut, mit Efeu und wildem Wein umwachsen, liegen im Grünen verstreut; in der Mitte die prächtige Bibliothek, daneben das Verwaltungsgebäude, die Hörsäle, die Laboratorien, das Schwimmbad, die Turnhalle und die zahlreichen Spielplätze. Die Zimmer der Mädchen in den verschiedenen Halls sind klein, aber sehr behaglich und geschmackvoll eingerichtet. Man hat überall den Eindruck, daß es sich hier sehr gut leben und auch arbeiten läßt. Etwa 400 Studentinnen leben hier zusammen in gemeinschaftlicher Arbeit. Sie können nach vierjährigem Studium den Grad des bachelor of arts erwerben; es ist dies bekanntlich die Vorstufe zum philosophischen Doktor, dessen Erwerbung selbst weitere drei bis vier Jahre Studium erfordert. Nach dem Bericht der Leiterin des College (es ist dort für die akademisch gebildeten Lehrer, ja für die Professoren keine Schande, eine Frau als Direktor anzuerkennen), nimmt nach vollendetem Studium etwa ein Drittel der Mädchen eine besoldete Stellung an; viele von ihnen im Gebiet der sozialen Arbeit. Er war ein wohltuender Anblick, auf diesem hübschen Fleck Erde die Studentinnen herumgehen zu sehen, alle frisch, heiter und angeregt, zum Teil das sehr kleidsame Barett auf den Haaren und den schwarzen talarartigen Mantel umgehangen.

* * *

Als Gegensatz zu diesem schönen Bild müssen wir uns gegenwärtig halten, daß es in manchen Staaten der Union bis heute noch keine allgemeine Schulpflicht gibt, daß wir vor allem in den Südstaaten eine erschreckende Zahl von Analphabeten finden. In manchen Staaten gibt es wohl eine Schulpflicht, aber nur in sehr bescheidenem Maße. So schreibt Maryland den regelmäßigen Schulbesuch vom 8. bis 12. Jahre vor. Dabei gelten für die Counties, also auf dem Lande, noch Ausnahmebestimmungen für die Zeit vom 1. Juni bis 15. Oktober. Während dieser Zeit nämlich wird ein großer Teil der Kinder — man bedenke, derer unter 12 Jahren — bei der Feldarbeit, beim Einmachen von Obst und Gemüse, beim Verpacken von Austern, den Haupterwerbszweigen der Gegend beschäftigt. Kinder von 12 bis 16 Jahren müssen die Schule besuchen, wenn sie keine regelmäßige Beschäftigung haben. Zur Annahme einer Beschäftigung ist eine Erlaubniskarte nötig, die nur gewährt wird, wenn die Kinder etwas lesen und leserlich schreiben können. Man kann also wirklich nicht sagen, daß Maryland viel verlangt, aber in anderen Staaten fehlen auch solche Vorschriften.

Eine Umgehung der Schulpflicht im großen gibt es für die Kinder der Arbeiter, die für die Sommermonate in die großen Steinbrüche, zu den Eisenbahn- oder Kanalbauten gehen oder zu dergleichen Arbeiten, die sie nur für eine Reihe von Monaten beschäftigen. Die Schulen sind meist zu weit von diesen „camps" entfernt oder sie wollen auch nicht diese Kinder aufnehmen, die nur wenige Monate bleiben, deren Vorbildung eine äußerst mangelhafte ist. So bringen denn die Kinder die ganze Zeit ohne Unterricht, ohne Beschäftigung hin. Man wird wohl in der Annahme nicht fehl gehen, daß viele dieser Kinder den Hang zum Müßiggang und Vagabundieren von hier mit in die Stadt nehmen und dann die Zahl der verbrecherischen Kinder vermehren.

* * *

Schlimm ist auch noch immer die Ausdehnung der Kinderarbeit. Kinderschutzgesetze gibt es lange nicht in allen Staaten. Man zählt immer noch 1 700 000 erwerbstätige Kinder unter 15 Jahren in den Vereinigten Staaten. Davon sind 80 000, und zwar zum großen Teil kleine Mädchen, in den Textilmühlen des Südens beschäftigt. Zehnstündige Arbeitszeit ist für diese Kinder nichts Seltenes. Und wo gesetzliche Vorschriften existieren, stehen sie vielfach nur auf dem Papier. „Die Verletzungen des Gesetzes geschehen öffentlich, schamlos und unzählig", heißt es in einem der letzten Hefte der amerikanischen Gesellschaft für Sozialwissenschaft.

Für die Kinderarbeit werden aber auch Gründe

angeführt, die, so merkwürdig sie uns auf den ersten Blick vorkommen mögen, wir doch zum Teil anerkennen müssen. Man sagt, daß in einem Teil eines Staates, ich glaube es war Georgia, die Beschäftigung in den Baumwollmühlen die einzige Art von Erziehung ist, die die Kinder überhaupt erhalten. Die Bevölkerung ernährt sich von dem verbotenen Handel mit Branntwein und hat jährlich blutige Kämpfe mit den Regierungsbeamten zu bestehen. Die häuslichen Verhältnisse sind dementsprechend. Schulen gibt es fast gar nicht. So ist der Aufenthalt in den Mühlen wirklich noch der beste, den die Kinder haben können.

Eine andere Kinderarbeit lernte ich aus eigener Anschauung kennen. In einer, wie mir schien, sehr gut geleiteten Anstalt für katholische Mädchen sah ich in einem großen Saal eine Schar von etwa 5 bis 12jährigen Mädchen sitzen; alle eifrigst beschäftigt mit Häkeln. Aber diese kleinen weißen Kinderjäckchen mit dem bunten Rand, die so hergestellt werden, bilden eine Haupteinnahmequelle der Anstalt! Die Kinder, die häufig kostenlos aufgenommen werden, müssen schließlich ihren Unterhalt selbst verdienen. So sehr mir die Anstalt auch sonst gefallen hatte, so sympathisch und verständnisvoll die Schwestern waren, das Bild der fünfjährigen Fabrikarbeiterinnen will mir nicht aus dem Sinn!

VII. Kinderleſehallen.

Daß die Art der *Lektüre* von größtem Einfluß auf ein Kind iſt, hat man auch bei uns längſt erkannt, und zahlreich ſind die Bemühungen, gute billige Bücher zu verſchaffen. Dagegen ſind die Verſuche, auch Gelegenheit zum ruhigen Leſen, die zu Hauſe doch meiſt fehlt, zu geben, bei uns einſtweilen noch recht ſelten. Das iſt drüben anders: *Kinderleſehallen* gibt es viele. So hat die öffentliche Bibliothek in der Stadt Cleveland, die neben der Hauptſtelle ſieben Zweiganſtalten und zwölf Nebenſtellen unterhält, überall auch beſondere Abteilungen für Kinder eingerichtet. Die Bücher werden nach Hauſe mitgegeben; die Kinder können aber auch in der Bibliothek ſelbſt leſen. Fünfzig Prozent aller Beſucher ſind Kinder, ein Beweis, wie dringend das Bedürfnis nach einer ſolchen Einrichtung war. Und der Erfolg iſt unter anderem der, daß ſich zahlengemäß ein Rückgang in dem Vertrieb der „dime-novels" (Groſchengeſchichten), der billigen Schundhefte, feſtſtellen läßt. Die Kinderleſehalle, die ich ſah, war ein wunderhübſcher gemütlicher, Raum in einer großen Bibliothek; rings an den Wänden die Büchergeſtelle, aus denen die größeren Kinder ſich ſelbſt die Bücher nehmen dürfen, darüber gute Bilder; im Zimmer niedrige Tiſche und Stühle, das kleine Volk zum ruhigen Genießen einladend. Eine Bibliothekarin führt die Aufsicht und berät die Kinder bei der Auswahl. Die Kinder benehmen sich ruhig und gesittet, entsprechend der Würde des Raumes. Neben diesem Zimmer liegt ein kleineres; das wird zum Märchenerzählen benutzt. Jede Woche einmal versammeln sich etwa 80 Kinder um die Erzählerin und lauschen mit glühendem Interesse den alten Geschichten von Hänsel und Gretel, von den sieben Raben oder auch den Abenteuern der sagenhaften Helden und Könige. Ein Feiertagsglanz wird so in die Herzen gesenkt, die Kinder bekommen eine Idee von den Schätzen, die neben und über ihrem engen Dasein vorhanden sind, ihnen allen erreichbar.

VIII. Children's Village.

Children's Village, das Dorf der Kinder, besuchte ich an einem Nachmittag von New York aus; leider regnete es in Strömen, so daß ich von der Gegend wenig sehen konnte. Bei schönem Wetter muß es herrlich da draußen sein. Die 20 Häuser des „Dorfes" liegen zerstreut in dem ausgedehnten waldigen Gelände.

Die von einem großen Verein unterhaltene Kolonie dient zur Aufnahme von Knaben vom 7. bis 14. Lebensjahr, die meist von den Jugendgerichten überwiesen werden. Die Kinder können bis zum 18. Lebensjahr dort behalten werden, meist aber werden sie bei gutem Verhalten schon früher entlassen. Die Bestimmungen über die Entlassung hat ein besonderes Komitee zu treffen, das regelmäßige Sitzungen in der Anstalt abhält; dabei finden eingehende Beratungen über die zur Entlassung vorgeschlagenen Zöglinge statt an der Hand genau geführter Berichte der verschiedenen Lehrer und Erzieher. Das „Dorf" ist erst vor wenigen Jahren eingerichtet worden. Früher besaß der Verein eine große Anstalt in der Stadt; man sah aber ein, daß die Erfolge der Erziehung bei dem Zusammenpferchen von mehreren Hunderten von Kindern in Frage gestellt wurden. „Wenn 150 Knaben in einem Raum zusammenschlafen," heißt es in dem letzten

Jahresbericht, „so ist es, wie wachsam auch der aufsichtsführende Beamte sein mag, faktisch unmöglich, die Knaben vor der moralischen Ansteckung durch die verdorbenen Elemente zu bewahren.“

Jetzt sind etwa 20 Knaben in jedem Cottage untergebracht, unter der Aufsicht eines Erzieherpaares oder auch nur einer einzelnen Frau. Dies letztere ist wohl für die amerikanischen Verhältnisse bezeichnend; man kann ohne Gefahr ein Dutzend halbwüchsige, zum Teil verdorbene Knaben der Obhut einer Frau anvertrauen, ohne daß Schwierigkeiten entstehen und ohne daß die Disziplin dabei leidet.

Der Unterricht erstreckt sich gleichmäßig auf Schule und Handwerk. Jeder Knabe muß ein Handwerk von Grund aus erlernen. Den Unterricht erteilen im Hauptbau Lehrer und Handwerker, die zugleich die Erzieher in den Einzelhäusern sind; alles gebildete, tüchtige Menschen, die besondere Liebe zu diesem Beruf haben. Turn- und Schwimmsäle sind im Hauptbau, Badegelegenheiten in jedem einzelnen Haus. Diese Häuser sind überhaupt sehr praktisch eingerichtet. Im oberen Stockwerk befinden sich je zwei Schlafsäle der Knaben und die Wohnung der Erzieher; im unteren die Wohn- und Eßräume; alles sehr hübsch und behaglich ausgestattet; Bilder an den Wänden, Blumen und grüne Pflanzen an den Fenstern und auf den Tischen. Es war kurz vor dem Abendessen, als ich einige der Häuser besuchte. Die Knaben halfen der Hausmutter beim Decken der Tische, beim Fertigstellen des Essens, das in einer Zentralküche zubereitet und den einzelnen „Familien“ zugeführt wird. Die nichtbeschäftigten Kinder saßen im Wohnzimmer, mit ihren Büchern oder gemeinsamen Spielen beschäftigt. Es war alles so gemütlich, daß ich fast das Gefühl hatte, es sei zu schön für diese Kinder, die aus den elendsten Verhältnissen kommen und auch meist wieder in sie zurück müssen. Trotzdem aber möchte ich dem Verfasser des Jahresberichtes recht geben, wenn er sagt: Kein Ideal ist zu hoch, um es in das Herz eines Knaben einzupflanzen. Und je unglücklicher ein Knabe in seiner früheren Umgebung gewesen ist, desto mehr ist das ein Grund, ein hohes und schönes Bild ihm vor Augen zu stellen. Ein Knabe, der einmal den Wert einer reinen und schönen Umgebung kennen gelernt hat, wird sich immer bemühen, das Seinige zu einer moralischen und ästhetischen Umgestaltung seiner Umgebung zu tun; er wird die Sehnsucht mit ins Leben nehmen, sich selbst wenigstens vor dem Schmutz zu bewahren.

Ein großer Teil der Kinder, die keine Eltern haben oder deren häusliche Verhältnisse es sonst wünschen lassen, wird zu Farmerfamilien in die Weststaaten gegeben. Die vielen Berichte der dortigen Aufsichtsbeamten, die dem Jahresbericht beigefügt sind, lauten durchwegs günstig. Die Pflegeeltern sind zufrieden mit den Kindern, und die Kinder sind zufrieden und glücklich in ihrer neuen Umgebung. Die meisten bleiben auch nach erreichter Volljährigkeit bei den Pflegeeltern. Bezeichnend ist es wieder, daß in diesen Berichten nicht sowohl das gute Betragen der Kinder hervorgehoben wird, als vielmehr das Sich-Glücklichfühlen: „N. N. is full of life and happiniss, voll von

Leben und Glück". Ein Knabe ſchreibt an die Anſtalt: „Ich habe eine Unmenge von Vergnügen in dieſer Welt, I have lots of joy in this world". So wachſen dieſe Kinder zu zufriedenen und tüchtigen Bürgern ihrer neuen Heimat heran; ſie, die in den meiſten Fällen auf dem beſten Wege zum Vagabunden oder Verbrecher waren.

IX. Das Frauenreformatory in Bedford (New York).

Eine ausgezeichnete Anstalt lernte ich in dem Frauenreformatory in Bedford (New York) kennen. Bedford ist eine Besserungsanstalt für verurteilte Frauen von 16 bis 35 Jahren. Die Delikte, wegen deren die Überweisung erfolgt, sind sehr verschiedenartige; Brandstiftung, Körperverletzung, Kindestötung, Diebstahl jeder Art, Prostitution und Vagabundage. Das Durchschnittsalter der Zöglinge ist 21 Jahre, die Höchstdauer des Aufenthaltes beträgt drei Jahre, nicht mehr. Wenn man das alles zusammenhält und dann sieht, daß die meisten Zöglinge sich in der Anstalt musterhaft führen und daß sie vor allem nach der Entlassung sich ihren Unterhalt redlich erwerben, daß sie zum Teil heiraten und ihrem Haus ordentlich vorstehen, so fragt man sich unwillkürlich staunend: wie ist denn das möglich? woher kommt das?

Mir scheint der Grund darin zu liegen, daß man bei der Behandlung sich vor allem bemüht, den in den Menschen liegenden Neigungen entgegenzukommen und sie auf die rechte Bahn zu lenken; und dann, daß man die Frauen zu einem lohnenden Erwerb tüchtig macht.

In jedem Menschen, besonders aber in diesen jugendlichen Frauen, liegt der Wunsch nach Freiheit; diesen eigenen Wunsch nach Freiheit läßt man seinen erzieh-lichen Einfluß ausüben. Das Gericht bestimmt: Die Mädchen haben in der Anstalt zu bleiben, bis sie für das Leben in der Freiheit geeignet sind, höchstens aber drei Jahre. Ist das Betragen gut, sind die Fortschritte in den verschiedenen Lehrfächern befriedigend, dann können die Zöglinge auch vorher schon entlassen werden. Der Zeitpunkt der Entlassung wird wie in Children's Village von einem besonderen, der Anstalt angegliederten Komitee bestimmt. Es liegt also an der eigenen Anstrengung jeder Einzelnen, sich eine frühere Entlassung durch Fleiß und gutes Verhalten zu verdienen. Erweist sich dann die Entlassene doch nicht als geeignet für das Leben in der Freiheit, so wird sie bis zum Ablauf der drei Jahre wieder in die Anstalt zurückgenommen.

Es liegt aber in jedem Menschen, besonders im jungen Menschen auch der Wunsch nach Vergnügungen, nach Freude. Bei den meisten dieser Mädchen war es wohl die Unmöglichkeit, diese Vergnügungen, diese Freude auf anständige Weise zu erlangen, die sie vom rechten Weg abgebracht hat. Die Möglichkeit, sich diese Genüsse auf harmlose Weise zu verschaffen, wird in der Anstalt gelehrt; diese Freuden werden mit zu einem Erziehungsfaktor gemacht. „Wir betrachten es als einen wichtigen Teil unserer Aufgabe, die Mädchen zu lehren, wie sie sich in harmloser Weise unterhalten können", sagt die Leiterin in ihrem Bericht. Kleine Feste werden gefeiert, Aufführungen, Wettspiele im Freien veranstaltet; Freunde der Anstalt kommen an bestimmten Tagen, halten Vorträge mit Lichtbildern oder machen gute Musik, Gesang- und sogar Tanzunterricht wird gegeben.

Doch das ist nur die eine Seite der Erziehung; der Zweck der Anstalt ist der: die Mädchen fähig zu machen für das Leben, für den Kampf ums Dasein. Von der moralischen Besserung wird nicht viel gesprochen; aber man gibt den Mädchen die Waffen, mit denen sie den Kampf aufnehmen können. Dazu gehört vor allem ein gesunder Körper. Ein großer Teil der Mädchen ist bei der Überweisung krank; einige sind in anderen Umständen, fast alle aber sind schwach und entkräftet. Hier muß zu allererst geholfen werden. Eine Ärztin wohnt in der Anstalt; ihr untersteht eine gut eingerichtete Krankenabteilung, in die die Kranken gebracht werden. Die Schwangeren bleiben für sich, bis sie in die Entbindungsanstalt kommen. Für die anderen bewirkt die gesunde reichliche Kost, die regelmäßige körperliche und geistige Beschäftigung, der genügende Schlaf, verbunden mit der ständigen ärztlichen Aufsicht, oft schon nach wenigen Wochen eine erhebliche Besserung.

Die richtige Behandlung der Einzelnen kann aber nur bei gehöriger Individualisierung möglich gemacht werden. Alle Neuaufgenommenen kommen daher zuerst in das Aufnahmehaus, wo sie beobachtet werden, bis man ein einigermaßen klares Bild über ihren Charakter und ihre Fähigkeiten gewonnen hat. Dann erst erfolgt die Überweisung an eine der verschiedenen Abteilungen, die, jede für sich, die einzelnen Häuser bewohnen, etwa 25 Mädchen zusammen unter der Aufsicht einer Hausmutter. Außerdem werden die Zög=

linge in drei aufsteigende Klassen eingeteilt, die in Arbeit, Unterricht und Mußestunden ganz voneinander getrennt sind. Die Zellen der untersten Klasse sind ziemlich kahl, die der zweiten sind schon besser eingerichtet, die Zimmer der obersten sind wohnlich und hübsch. Die Zöglinge der oberen Klassen genießen Vorrechte gegenüber denen der unteren, sie haben mehr Selbstbestimmungsrecht, haben mehr freie Zeit für sich, usw. Die Neueintretenden werden der mittleren Klasse zugeteilt; je nach ihrem Betragen können sie aufrücken, oder sie werden in die unterste Klasse versetzt; sie haben es ganz in ihrer Hand, wie sich ihr Leben in der Anstalt gestaltet. Die Aussicht, ein hübscheres Zimmer zu bekommen, mag manche zu besserem Verhalten, zu größerem Fleiß antreiben. Über der obersten Klasse ist noch eine eigenartige Abteilung, die der Bewohnerinnen der honor cottage. Die Entstehung dieses Hauses ist sehr interessant. Man wollte noch einen besonders wirksamen Ansporn für die Insassen der Anstalt; man wollte aber zu gleicher Zeit Gemeinsamkeitssinn und Bürgertugenden entwickeln. Zunächst wurden dazu Besprechungen über Bürgerkunde abgehalten; die Aufgaben des Staates wurden erläutert; die Verfassung der Vereinigten Staaten, die Art der Wahlen, Rechte und Pflichten des Präsidenten, Rechte und Pflichten der Bürger wurden auseinandergesetzt. Dann schlug die Leiterin den Zöglingen der obersten Klasse vor, nun ihrerseits eine Wahl zu veranstalten und eine Anzahl der besten Mädchen zu bestimmen, die nach der Ehrenhütte übersiedeln sollten. Diese zwölf Mädchen wieder hatten aus ihrer Mitte eine Präsidentin und einige andere Beamte zu wählen, die zusammen die Verwaltung des Hauses leiten sollten. Die Mädchen gaben sich auch eine Verfassung, die von allen streng eingehalten wird. Die beiden Hausmütter gehören kraft ihres Amtes zu dem Beamtenstab, aber sie lassen die Mädchen allein walten. Trotzdem, oder vielleicht gerade deshalb, hat sich die Organisation vorzüglich bewährt, ganz selten sind gröbere Verstöße gegen die Hausordnung oder Ungezogenheiten gegen die Hausmutter vorgekommen; und immer waren es die Mädchen selbst, die die Strafen verhängten; in den beiden schlimmsten Fällen verlangten sie sogar die Entfernung der Schuldigen aus der honor cottage. Ich traf die Bewohner des Hauses beim Mittagessen, eine gesund und zufrieden aussehende, sich lebhaft und fröhlich unterhaltende Gesellschaft.

Alle Zöglinge müssen am Schulunterricht teilnehmen; das ist oft sehr nötig, da viele gar nicht lesen und schreiben können, wenigstens nicht in englischer Sprache; bei fast allen ist die Vorbildung sehr mangelhaft. Mit dem Elementarunterricht wechselt eine ganz systematische Unterweisung in allen Zweigen der Hauswirtschaft, im Nähen, Schneidern, Waschen, Plätten, Weben, in Gartenarbeiten ab. Es sind vorzügliche Lehrkräfte angestellt, die die Fähigkeiten ihres Faches mit besonderm pädagogischen Geschick verbinden. So gewinnen die Mädchen eine gründliche Ausbildung, die sie befähigt, in der Freiheit auf eigenen Füßen zu stehen.

Ein besonderes Haus ist für die jungen Mütter und ihre Kinder bestimmt. Jede hat ein kleines Zimmer für sich und ihr Kind; jede hat für ihr Kind zu sorgen, nimmt im übrigen aber an Arbeit und Unterricht teil.

Die entlassenen Mädchen werden fast alle in Dienststellen untergebracht; diese sind bei dem großen Dienstbotenmangel in Amerika noch leichter zu bekommen wie bei uns. Die Stellen werden gut ausgewählt, und die Mädchen stehen bis zum Ablauf der drei Jahre unter der Aufsicht einer besonderen Beamtin der Anstalt. Der Lohn wird nur zum Teil an die Mädchen selbst gezahlt, ein Teil geht an die Anstalt, die die Verwaltung übernimmt.

Viele Mädchen bleiben auch nach der endgültigen Entlassung in Fühlung mit der Anstalt. So hat man ein ziemlich genaues Bild über den weiteren Lebensgang der Zöglinge — und er ist in den meisten Fällen ein Beweis für den guten Einfluß der Anstalt gewesen.

X. Einige Bemerkungen über Erziehung. George Junior Republic.

Ich möchte an dieser Stelle einige Grundsätze über Erziehung zusammenfassen, die mir in den verschiedenen Anstalten und Schulen, die ich sah, auffielen, die mir charakteristisch zu sein scheinen.

Da ist einmal das Fehlen der körperlichen Züchtigung: die Disziplin wird auch ohne sie aufrechterhalten. In Children's village hat man einen recht wirksamen Ersatz, der allerdings nur in den schlimmsten Fällen angewendet wird, eingeführt, den drill-squad, die Drillabteilung, nach belgischem Muster. Die jungen Leute müssen hier den ganzen Tag, abgesehen von den kurzen Essenspausen, nach Kommando Freiübungen machen. Die Strafe ist nicht gesundheitsschädigend, ärztliche Bedenken werden jederzeit berücksichtigt, aber sie ist sehr anstregend und unangenehm. Bei den meisten Übeltätern genügen zwei Tage in dem drill-squad, um sie zur Vernunft zu bringen. Die Regel ist, daß sechs Tage verhängt werden, daß aber bei gutem Verhalten nach den ersten drei Tagen der Rest der Strafe erlassen wird.

Im großen und ganzen aber bestehen die Strafen in der Entziehung von Vorrechten und Annehmlichkeiten: Beschränkung der freien Zeit, Ausschluß von den gemeinsamen Spielen, Entziehung von angenehmen Zutaten beim Essen, vor allem aber im Abzug der Belohnungsmarken. Dieses Markensystem ist ja überall sehr ausgebildet. Für alles gibt es Marken, für gutes

Betragen, für Fleiß und Fortschritte in jeder Unterrichtsabteilung. Die Zusammenzählung dieser Marken ergibt das Zeugnis, gibt die Unterlage für eine eventuelle frühere Entlassung. Vielfach wird eine bestimmte Anzahl von Marken in Geldwert ausbezahlt. Hier lassen sich also eine Menge von Abstufungen finden, die als empfindliche Strafen angewendet werden können.

Überall aber fiel mir auf, daß die Bedeutung der Strafe für schlechtes Verhalten gering ist im Vergleich zur Bedeutung der Belohnung bei gutem Verhalten. Und das scheint mir ein sehr glücklicher Gedanke zu sein. In allen Anstalten finden wir die verschiedensten Ehrenämter, sichtbare Auszeichnungen, wie das band of honor, die Eintragung in die roll of honor usw. Diese Ehren werden für eine bestimmte Zeit verliehen und geben dem so Ausgezeichneten ein starkes Gefühl von Stolz und Würde. Sicher hält dies Gefühl manchen von Dummheiten ab, die er sonst begangen hätte. Diese Betonung des Selbstbewußtseins, der Selbstachtung, des self-respect, muß jedem auffallen, der nur einmal in eine dieser Anstalten hineingesehen hat. Im direkten Gegensatz zu der Theorie, daß der Wille gebrochen werden muß, wird immer wieder auf die Willensstärkung hingewiesen; der eigene Wille soll die Zöglinge von der Begehung unerlaubter schädlicher Handlungen abhalten, nicht das Verbot von außen. Immer wieder wird an das Ehrgefühl appelliert, an die Pflicht jedes einzelnen, als Bürger des Staates dessen Gesetze zu achten. Jeder Amerikaner soll ein guter Bürger sein; das Wort vom „good citizen“ finden wir auf Schritt und Tritt.

Am stärksten ausgeprägt sind diese Ideen in der berühmten Junior Republic des Mr. W. George. Hier kommt zu allem andern noch die Selbstregierung hinzu. Die Republik wurde 1895 von Mr. George in Freeville (N. Y.) gegründet. Sie ist dazu bestimmt, verwahrloste Mädchen und Knaben zu retten. Knaben und Mädchen zwischen 15 bis 21 Jahren werden hier aufgenommen; oft von den Eltern, von andern Verwandten, auch vielfach von den Jugendgerichten überwiesen.

„Die Junior Republic", heißt es in dem Prospekt, „ist eine kleine Stadt oder Kolonie von jungen Leuten; eine Organisation, die den Knaben und Mädchen die Grundsätze des sich auf sich selbst Verlassens (self-reliance), der Selbstverwaltung einprägen will, indem sie ihnen die Rechte und Pflichten des Bürgers in einem Miniaturstaat gibt, der dieselben wirtschaftlichen, bürgerlichen und sozialen Bedingungen hat, wie wir sie im gewöhnlichen Leben finden. Es ist also eine freie Übernahme der auch sonst bestehenden Bedingungen. Die Republik ist keine Anstalt mit Insassen, über die Beamte die unbedingte Autorität haben. Sie ist auch keine Schule mit Lehrern und Regeln; sie ist, was ihr Name sagt, eine jugendliche Republik, eine Republik der Kinder, für Kinder und durch Kinder. Bei der Erziehung, die die Republik gibt, spielt der Fleiß eine große Rolle. Die Knaben und Mädchen werden „Bürger" des kleinen Gemeinwesens und müssen sich in einem der verschiedenen Erwerbszweige Beschäftigung suchen. Sie werden für ihre Arbeit bezahlt und müssen ihrerseits Essen, Unterkunft, Kleidung usw. bezahlen. Jeder Bürger arbeitet fünf Stunden lang und geht fünf Stunden zur

ehrlich. An Mr. George, „Daddy", wie sie ihn nennen, scheinen sie mit großer Liebe zu hängen.

Mr. George erzählte mir, daß von den „Bürgern", die lange genug bei ihm gewesen sind, das heißt also mindestens ein Jahr lang, keiner je mit dem Gesetz in Konflikt geraten sei. Einige der früheren Bürger sind jetzt Leiter von Tochterrepubliken geworden. Solcher Tochterrepubliken gibt es noch vier in verschiedenen Staaten der Union; gewiß auch ein Zeichen für den Erfolg des Systems.

Ich muß nun gestehen, daß trotz des durchwegs günstigen Eindrucks, den ich von dem ganzen Miniaturstaat, seinem Leiter, seinen Lehrern und Erziehern gewann, ich doch Bedenken gegen das System habe. Vielleicht liegt es an der Fremdartigkeit, die diese Ideen für uns haben; vielleicht steckt uns, ohne daß wir es wissen und zugestehen wollen, das Bedürfnis nach Autorität, nach Leitung, wenigstens für unsere Jugend, zu sehr im Blut. Auch ist der Vergleich mit der „großen Republik" gekünstelt, wenn Mr. George das auch energisch bestreitet. Die jungen Leute legen zu viel Gewicht auf ihre eigenen Angelegenheiten; später wird ihnen der bescheidene Einfluß, den sie im öffentlichen Leben spielen, vielleicht schwer zu ertragen sein. Aber die Gewöhnung an Selbständigkeit hat sicher viel für sich; jeder erfährt es am eigenen Leibe, daß er für seine Handlungen und seine Unterlassungen verantwortlich ist. Wenn unsere Erziehung mehr von diesen Gedanken in sich aufnehmen würde, so könnte das von großem Nutzen werden.

XI. Eine Strafanſtalt.

Auch eine eigentliche Strafanſtalt habe ich geſehen, das Maryland Penitentiary in Baltimore.

Einen ganz gewaltigen Eindruck hat das rieſige Gebäude im romaniſchen Stil auf mich gemacht. An den Ecken der ſchweren maſſiven Mauern ſtehen ſtarke runde Türme; wie eine Zwingburg aus dem Mittelalter ſieht das Ganze aus. Es war ein unheimliches Gefühl, als das ſchwere eiſerne Tor hinter mir mit raſſelndem Schlüſſel wieder zugeſchloſſen wurde. Wie mag erſt den 1500 Gefangenen zu Mute geweſen ſein, als ſie für kürzere oder längere Zeit, im Durchſchnitt für 2 bis 5, aber auch für 10 und 20 Jahre, ja auch für Lebenszeit, ihren Einzug hier hielten!

Ich hatte eine derartige Anſtalt nie geſehen, weiß auch nicht, ob etwas Ähnliches in Deutſchland üblich iſt. In den zwei Flügeln für die männlichen und weiblichen Gefangenen iſt der innere Raum des etwa drei Stock hohen Hauſes nicht durch Mauern ausgefüllt; ſondern in der Mitte iſt eine Art von rieſigem eiſernem Käfig aufgeführt, mit vielen Stockwerken, in denen die Einzelzellen liegen, umgeben von Gängen. Die Zellen ſind klein, wohl zwei auf drei Meter; in manchen aber ſind Teppiche, in allen Photographien, Anſichtskarten und Bilder. Ein jetzt 30jähriges Mädchen, die ſeit ihrem 18. Lebensjahr in der Anſtalt ſich befindet, hat ſich nach und nach eine ganze kleine Bibliothek angeschafft. Von 30 Lebensjahren 12 in dem Gefängnis, welche Tat mag wohl gebüßt werden?

Die Gefangenen sind den ganzen Tag in gemeinsamen Arbeitsräumen beschäftigt; sie arbeiten Hemden und Schuhe für große Geschäfte. Wenn sie ein bestimmtes Pensum erledigt haben, wird der Mehrverdienst ihnen selbst gutgeschrieben und von der Anstalt verwaltet. Fleißige Gefangene können auf diese Weise eine ganz hübsche Summe zusammensparen für einen neuen Anfang in der Freiheit. Um sechs Uhr ist die Arbeitszeit zu Ende; die Gefangenen werden in ihre Zellen eingeschlossen und können sich nun noch einige Stunden nach ihrem Belieben beschäftigen. Die meisten lesen Bücher aus der großen Bibliothek der Anstalt; es gibt auch viele belehrende Schriften da, Geschichtswerke, naturwissenschaftliche Bücher, die alle viel gelesen werden; viele Gefangene benützen die Zeit, um ihre Elementarkenntnisse zu vertiefen, viele lernen auch Stenographie.

Der Direktor hält täglich eine Sprechstunde ab, zu der jeder Gefangene auf seinen Wunsch zugelassen wird; und zwar an demselben Tag, an dem er den Wunsch äußert. Der Direktor ist der Ansicht, daß man einen Menschen nicht mit seinem Ärger, seiner Unzufriedenheit zu Bett gehen lassen dürfe, ohne wenigstens den Versuch gemacht zu haben, ihm zu helfen. Da der Direktor ein energischer Mensch ist, der es aber auch versteht, in den Menschenherzen zu lesen und sie richtig zu behandeln, so kann dieser traurige Ort doch für viele zu einem Ort des Segens werden. Die

Gefangenen sehen das auch ein, und viele von ihnen bleiben auch nach der Entlassung in Verbindung mit ihrem Direktor.

Ich muß aber doch gestehen, daß ich befreit aufatmete, als ich nach einer guten Stunde wieder auf der Straße stand und mir noch einmal das imposante Werkzeug der menschlichen Gerechtigkeit von außen ansah.

XII. Jugendgerichte.

Nun möchte ich auf diejenige Einrichtung zu sprechen kommen, die in den letzten Jahren vor allem unser Interesse auf Amerika hingelenkt hat, auf die Jugendgerichte. Ich habe sechs Jugendgerichte kennen gelernt, ein jedes von dem andern ganz verschieden. Ich glaube, daß es gerade Typen der vorhandenen Organisationen waren. Ich will nicht eine historische und wissenschaftliche Übersicht über die Jugendgerichte im allgemeinen geben, sondern nur von den persönlichen Eindrücken erzählen, die ich gewonnen habe. Diese Eindrücke sind jedenfalls subjektiv — andere mögen andere gehabt haben —, sie werden aber zu meiner Freude zum großen Teil durch die Mitteilungen bestätigt, die sich in dem sehr interessanten Heft finden, das die Zeitschrift „The Survey" im Februar d. J. herausgegeben hat: „Ten years of the Juvenile Court", „Zehn Jahre Jugendgericht".

Sehr wenig angenehm war der Eindruck, den ich von dem Jugendgericht in New York Stadt empfing.

Von der Straße aus kommt man direkt in den Sitzungssaal hinein, einen ziemlich großen Raum, der etwa in der Mitte eine Absperrung hat. Durch eine Empfehlung gelang es mir, in diesen inneren Raum zu kommen; außer mir war da eine große Anzahl von Vereinsvertretern und vor allem eine Menge Polizeibeamter, deren Tätigkeit hier mir nicht recht klar wurde.

Der Richtertisch war noch leer, so hatte ich Zeit, mich umzusehen. Jenseits der Schranke war es gesteckt voll; die Sitzplätze waren alle besetzt, viele Leute standen herum. Männer und Frauen waren da, Erwachsene und Kinder, Mütter mit ihren Babys auf dem Arm, junge Leute in großer Zahl. Es waren die Eltern und Angehörigen der angeklagten Kinder, die Zeugen, und wie mir schien, viele Kriminalstudenten, und wohl auch manche Personen, die das Jugendgericht einfach als Wärmstube betrachteten. Auch dann während der Verhandlung war ein fortwährendes Kommen und Gehen, laute und leise Gespräche wurden geführt, von der bei uns gewohnten Würde und Feierlichkeit des Gerichts war wenig zu merken.

Der Richter, der mit sechs anderen Kollegen abwechselnd die einmal wöchentlich stattfindenden Sitzungen leitet, für den also diese Tätigkeit nur einen kleinen Teil seiner Beschäftigung bildet, schien kein großes Interesse an der Sache zu haben. Die Fälle wurden sehr rasch erledigt. Handelte es sich um ein geringfügiges Delikt, so erkundigte sich der Richter nach Feststellung des Sachverhaltes vor allem danach, ob das Kind von seinen Eltern schon eine gehörige Strafe erhalten habe; war das der Fall gewesen, so war es ihm ein Beweis dafür, daß die Eltern sich genügend um ihr Kind kümmerten, und der Angeklagte wurde meist ohne weiteres entlassen. Hatte eine häusliche Züchtigung nicht stattgefunden, so wurde das Kind häufig einer Anstalt überwiesen. Ich muß gestehen, daß ich dies Verfahren für ziemlich primitiv halte und nicht glaube, daß es besonders erziehlich wirkt.

Die Schutzaufsicht ist nicht vom Gericht aus organisiert, sondern sie beruht auf der freiwilligen Tätigkeit mehrerer Vereine und Gesellschaften. Den größten Teil der Arbeit hat die Gesellschaft zur Verhütung von Grausamkeit gegen Kinder, nach ihrem Gründer kurz die Gerrysociety genannt, übernommen, an deren Spitze bis vor kurzem der bekannte Mr. Fellow Jenkins stand. Ein großes Verdienst hat sich die Gesellschaft durch die Einrichtung eines detention home, eines Unterkunftshauses für verhaftete Kinder, erworben. Es sind luftige, reinliche Räume, wo die Kinder, Mädchen und Knaben getrennt, unter guter Aufsicht bleiben können, bis sie zur Verhandlung geladen werden.

Die Gesellschaft nimmt sich vor allem der verlassenen und vernachlässigten Kinder an, die ja auch vor das Jugendgericht kommen, und bringt sie in Anstalten unter. Man macht der Gerrygesellschaft öfters den Vorwurf, daß sie zu leicht Familienbeziehungen löse und Kinder, die ebensogut bei ihren Eltern bleiben könnten, in Anstalten bringe. Man ist überhaupt mit der Unterbringung in Anstalten schnell bei der Hand. Drum hat sich vor kurzem in New York eine Gesellschaft gebildet, deren Aufgabe es ist, in den verschiedenen Anstalten nachzuforschen, ob nicht solche Kinder sich hier finden, die eigentlich bei ihren Eltern oder sonstigen Angehörigen leben könnten. Die Eltern sind ja oft geneigt, ihre Verantwortung über die Kinder andern zu überlassen; die Anstalten sind daran interessiert, möglichst viele Kinder zu bekommen, da die Kosten von den wohltätigen Vereinen übernommen werden. Die neue Gesellschaft wird also wohl genug zu tun finden.

Für die jüdischen Kinder sorgt ein jüdischer Verein; der katholischen Mädchen nehmen sich einige katholische Damen an. Auf sehr schönen Grundsätzen beruht die Vereinigung der big brothers, der großen Brüder, die die Sorge für die älteren Knaben übernimmt. Etwa 700 junge Leute haben sich ihr zur Verfügung gestellt; jeder von ihnen hat für einen Knaben zu sorgen, wie für einen jüngeren Bruder. Er bemüht sich, Arbeit zu verschaffen, er bringt den Knaben in die Abendschulen und in Klubs, er besorgt ihm eine Lesekarte für eine Bibliothek, er überwacht seine Vergnügungen und seine Freundschaften.

Im ganzen hatte ich den Eindruck, daß die Vertreter der Vereine sich etwas willkürlich die Kinder heraussuchen, die sie für ihren Verein geeignet halten. Daß dabei nicht manches Kind übersehen wird und ein anderes von mehreren Vereinen behandelt wird, schien mir nicht ausgeschlossen zu sein.

* * *

In Philadelphia (Pennsylvanien) finden die Verhandlungen des Jugendgerichts in einem riesigen Saale statt; auch hier war von Ruhe und Würde keine Spur. Unheimlich sieht hier der große eiserne Verschlag aus, der im Hintergrund des Saales zum Aufenthalt der Gefangenen während der Verhandlung dient; bis vor kurzem kamen auch die angeklagten Kinder hier hinein. Die Richter wechseln alle paar Wochen; nach der Verfassung des Staates Pennsylvanien ist das nicht anders möglich; infolgedessen ist das Interesse des Richters ein äußerst geringes. Der ganze Wert des Gerichtes liegt bei den Bewährungsbeamten, 15 Damen, die von Frauenvereinen besoldet werden. Sie untersuchen jeden Fall, bevor er vor den Richter kommt und machen dann ihre Vorschläge, denen der Richter, wenigstens als ich der Verhandlung beiwohnte, ausnahmslos zustimmte, ohne sich selbst viel mit dem Fall zu beschäftigen. Ein großer Fehler der Bestimmungen von Philadelphia ist es, daß zuerst ein Polizeibeamter darüber zu entscheiden hat, ob das verhaftete Kind die Straftat begangen hat oder nicht; hat der Beamte den Eindruck, das Kind hat die ihm zur Last gelegte Tat nicht begangen, so entläßt er es einfach; nur im entgegengesetzten Falle kommt das Kind vor den Richter. Nun sind einerseits die Entscheidungen des (subalternen) Polizeibeamten oft recht wenig begründet, andererseits wäre für viele der so freigesprochenen Kinder eine weitere Fürsorge und Beaufsichtigung dringend nötig. Wie neu hier noch das Ganze ist, sieht man daraus, daß noch im Jahr 1900 500 Kinder zwischen 6—16 Jahren im Gefängnis waren, daß 300 Kinder monatlich durch die Polizeigewahrsame der Stadt gingen. Eine bedeutende, warmherzige Frau, Mrs. Kent-Schoff, hat die bisherigen Fortschritte durchgesetzt: Die Zusammenlegung aller Verhandlungen gegen Jugendliche auf einen Tag, die Zulassung der Bewährung und die Anerkennung der Bewährungsbeamten. Sie kämpft mutig fort für die Weiterentwicklung; aber gerade in Philadelphia sind die politischen Verhältnisse besonders schlimm, und alle Angelegenheiten hängen mit ihnen zusammen.

Auch ein zweites Jugendgericht im Staat Pennsylvanien, in der Stadt Pittsburgh, machte mir keinen guten Eindruck. Der Verhandlungsraum war klein und düster, voll von unruhigen Menschen, der Richter schien wenig Interesse zu haben; aber er entschied wie sein Kollege in Philadelphia genau nach den Vorschlägen der Bewährungsbeamten. Abgesehen von der Freisprechung und der Stellung unter Bewährung steht dem Richter für Knaben nur die Überweisung in eine einzige Anstalt zur Verfügung, und diese Anstalt soll nach dem, was ich hörte, recht schlecht sein.

* * *

Weit besser ist die Organisation des Jugendgerichts in Baltimore, von dem ich hier Näheres berichten möchte, weil ich es während meines längeren Aufenthalts in dieser Stadt ziemlich gut kennen gelernt habe. Das Jugendgericht wurde hier durch Gesetz von 1902 geschaffen. Einem einzelnen Polizeibeamten, nicht einem eigentlichen Richter, werden alle Fälle von jugendlichen Übeltätern übertragen, für die diese Beamten nach den Gesetzen der Stadt Baltimore zuständig sind; die schwereren Fälle kommen nach wie vor vor das eigentliche Strafgericht.

Die Stadt besoldet fünf Bewährungsbeamte, drei Frauen und zwei Männer. Der Grundsatz, daß die Mädchen den Frauen und die Knaben den Männern zur Schutzaufsicht zu übertragen sind, läßt sich nicht durchführen, da die meisten Kinder, wie bei uns ja auch, Knaben sind; außerdem werden überhaupt nicht viele Mädchen unter Bewährung gestellt, da es sich bei ihnen doch in den meisten Fällen um unsittlichen Lebenswandel handelt und hier mit der Bewährung fast nie etwas zu erreichen ist.

Über die verhafteten Kinder wird auf der Polizeistation (Baltimore besitzt noch kein Unterkunftshaus) ein kurzes Formular ausgefüllt, das Namen und Adresse des Kindes, das von ihm begangene Delikt und die Namen des verhaftenden Polizeibeamten und der Zeugen enthält. Die Kinder werden mit ihren Angehörigen und den Zeugen für einen der nächsten Tage zum Jugendgericht bestellt. Weitere Untersuchungen finden vor der Verhandlung nicht statt. Am festgesetzten Tage versammeln sich dann alle in dem großen, schönen Sitzungssaal; die Verhandlungen sind nicht öffentlich, doch werden Personen, die sachliches Interesse haben, jederzeit zugelassen. Mir bot der Richter einen Stuhl neben sich auf seinem erhöhten Sitz an, damit ich den Verhandlungen folgen könne. Unten im Saal wäre das auch nicht möglich gewesen, denn Judge Moses spricht ganz leise zu den Kindern. Es war ein eigenartiger Anblick, der sich mir bot, als ich auf die Schar von Kindern hinuntersah; sehr viele von ihnen Schwarze, viele sehr ängstlich, manche ihre Angst unter ziemlich frechem Auftreten verbergend, manche wieder ganz stumpfsinnig. Ich hatte den Eindruck, daß viele geistig Minderwertige dabei seien; die Statistik des Gerichts erwähnt allerdings nur zwei Schwachsinnige. Anscheinend ist man auf das schwierige Problem der geistig Minderwertigen noch nicht näher eingegangen.

Bevor der Richter einen Fall behandelt, werden von dem Clerc, der in diesem Falle eine Dame ist, einige weitere Angaben über den Angeklagten aufgenommen. Dann wird dieser aufgerufen, zusammen mit seinen Angehörigen und den Zeugen. Nach einer

Mahnung des Richters an die vor ihm Stehenden, die Wahrheit zu ſagen, was durch gemeinſamen Schwur bekräftigt wird, gehen die Verhandlungen ziemlich formlos weiter. Meiſt handelt es ſich um Dummejungenſtreiche, um Werfen mit Steinen, Aufſpringen auf die Straßenbahn und ähnliches, oder aber auch um kleine Diebſtähle. Gewinnt der Richter durch die Unterredung den Eindruck, daß das Kind noch nicht verwahrloſt iſt, daß die häuslichen Verhältniſſe gut ſind, ſo wird das Kind meiſt ohne weitere Strafe entlaſſen. Der Richter ſpricht in ſehr eindringlichem Ton zu ihm; er macht es auf die Schwere ſeiner Tat aufmerkſam; er zeigt ihm, daß es in ſeinem eigenſten Intereſſe iſt, die Geſetze des Staates zu achten; er droht mit der ganzen Strenge des Gerichts, wenn je wieder eine Klage kommen ſollte. 1414 von den 2442 im letzten Berichtsjahre vor Gericht gekommenen Fällen ſind auf dieſe Weiſe erledigt worden. 602 Kinder wurden an Anſtalten überwieſen, 488 erhielten eine Geldſtrafe, die in mehreren Fällen in Gefängnis umgewandelt wurde, wenn die Summe nicht aufgebracht werden konnte. 473 Kinder wurden unter Bewährung geſtellt.

Von den angeklagten Kindern waren

1937 weiße Knaben,
709 farbige Knaben,
193 weiße Mädchen,
176 farbige Mädchen.

Die Schutzaufſicht wird in ganz ähnlicher Weiſe ausgeübt wie bei uns. Der Beamte beſucht das Kind in ſeiner Wohnung und iſt bemüht, ſich möglichſte Klarheit über die häuslichen Verhältniſſe zu verſchaffen; er ſucht das Vertrauen des Kindes und auch der Eltern zu gewinnen. Er hält das Kind zum Schulbeſuch oder zur Arbeit an; er verſucht, wenn nötig, Arbeit zu beſorgen und dergleichen mehr. Die Beamten ſind inſofern beſſer geſtellt als unſere Helfer, als die Macht des Richters ihre Anordnungen in höherem Maße deckt wie bei uns. Sie ſtehen in viel engeren Beziehungen zum Richter, mit dem ſie täglich verhandeln, der ihren Anregungen faſt immer Gehör gibt. Ihre Tätigkeit iſt eine ſehr ausgedehnte; nach dem Bericht hat jeder der Beamten über 1000 Beſuche gemacht. Sie müſſen bei den Verhandlungen anweſend ſein, die jeden Tag von ½3 bis 5 Uhr ſtattfinden. Sie haben daneben noch eine große *inoffizielle* Tätigkeit; ſie werden in vielen Fällen um Rat und Hilfe gebeten, die nicht vor das Gericht kommen, denen ſie aber, um vorbeugend wirken zu können, dieſelbe, wenn nicht noch eine größere Aufmerkſamkeit widmen müſſen.

Dabei iſt die Arbeit wohl in mancher Hinſicht noch viel ſchwieriger als bei uns. Die Neger, die ein Fünftel der Geſamtbevölkerung ausmachen, ſtehen auf viel tieferer Stufe als unſere allerunterſte Schicht. Das Bedürfnis nach Arbeit iſt bei ihnen nur ſchwach entwickelt. Die Reinlichkeit läßt ſehr viel zu wünſchen übrig, die ſittlichen Begriffe ſind ſehr weitherzig.

Eine weitere Schwierigkeit iſt der mangelnde Schulzwang, von dem ich oben ſchon geſprochen habe. Dadurch iſt der Einfluß der Schule natürlich ſehr beſchränkt. Ferner gibt es auch keine Zwangsfortbildungsſchulen. Der Beſuch der vielen Abendſchulen und ſonſtigen Gelegenheiten zur Weiterbildung iſt freiwillig. Auch die Ausbildung der Lehrlinge iſt nicht in dem Maße geregelt wie bei uns. Die meiſten Jungen beginnen ihre Erwerbstätigkeit als Zeitungsverkäufer oder Meſſengerboys. Sie ſind auf dieſe Weiſe den Gefahren der Straße in hohem Maße ausgeſetzt, und die Statiſtik beweiſt, daß dieſe Berufsarten die meiſten jugendlichen Verbrecher ſtellen, wie ja auch bei uns. Wie ſtark das Schulſchwänzen trotz des Geſetzes verbreitet iſt, zeigt die Tatſache, daß von den angeklagten Kindern von 7—12 Jahren 46 weder Schule noch Arbeit beſuchten, von den 12—16 jährigen 272.

* *
*

Wirklich vorbildlich in der Organiſation und Durchführung iſt das Jugendgericht in Waſhington. Hier iſt der Jugendrichter wirklich der Mittelpunkt aller Beſtrebungen für das Wohl der Jugend. Er kann Eltern und Gewalthaber eines Kindes beſtrafen, die durch Anſtiftung oder auch nur durch Vernachläſſigung mit Schuld haben an deſſen Vergehen. Auch die Beſtrafung der Übertreter des Kinderſchutzgeſetzes iſt in ſeine Hand gegeben, ebenſo die Heranziehung und Beſtrafung der Familienväter, die nicht für den Unterhalt ihrer Familie ſorgen.

Ich konnte leider keiner Verhandlung beiwohnen, doch habe ich eingehend mit dem Richter De Lacy geſprochen, ebenſo mit einem weiblichen probation officer. Die Dame erklärte mir in liebenswürdigſter Weiſe die Behandlung eines Falles und zeigte mir eingehend die Regiſtratur. Es gibt keine dicken Akten=

stücke, aber alles ist klar und übersichtlich geordnet. Die verhafteten Kinder werden in einem sehr hübschen Wagen, dem man seine Bestimmung gar nicht ansieht, täglich von den verschiedenen Polizeistationen abgeholt und in das neu eröffnete Unterkunftshaus gebracht. Es ist dies ein altes Haus, das für diesen Zweck neu hergerichtet und auch gut geeignet ist. In einem Stockwerk sind die Knaben, in dem anderen die Mädchen untergebracht, getrennt nach schwarzer und weißer Rasse. Ich fand an jenem Abend 3–4 Mädchen und etwas mehr Knaben dort. Am Morgen nach der Verhaftung werden Zettel mit Angabe des Namens, der Adresse und des Deliktes der Kinder an das Jugendgericht geschickt. Die Beamten haben nun die Aufgabe, bis mittags 1 Uhr die nötigen Nachforschungen anzustellen, damit der Richter bei der Verhandlung gleich alles Material zur Hand hat. Die Sitzungen finden jeden Tag um 1 Uhr in einem kleinen Privathaus statt. Nach der Vernehmung der Kinder und der Zeugen berichtet der probation officer über seine Erfahrungen in diesem Falle und teilt dem Richter seine Meinung über die weitere Behandlung mit. Der Richter hat es ganz in seiner Hand, was für Maßregeln er eintreten lassen will. In den meisten Fällen wird das Kind zu seinen Eltern entlassen, aber unter die Aufsicht eines Beamten gestellt. Das Kind hat dann alle 14 Tage regelmäßig zum Gericht zu kommen und dem Richter und dem Beamten über sein Betragen zu Hause, in der Schule oder Arbeitsstätte, zu berichten; wenn es nötig ist, machen die Beamten in der Zwischenzeit auch Besuche in der Häus=

lichkeit des unter Schutzaufsicht Stehenden. Eine kleine Ausleihbibliothek ist mit dem Jugendgericht verbunden und hat einen guten Einfluß ausgeübt.

Judge De Lacy ist ein für sein schweres Amt hervorragend geeigneter Mann. Er ist mit warmem Herzen bei der Sache; er hat lebhaftes Interesse für alle allgemeinen Fragen, die mit dem jugendlichen Verbrechertum zusammenhängen; er ist auch über unsere deutschen Einrichtungen unterrichtet, was ich sonst drüben selten gefunden habe. Er ist außerordentlich intelligent und energisch und besitzt jene herzlich entgegenkommende Liebenswürdigkeit, die jeden Verkehr so sehr erleichtert. Ich bin überzeugt, daß er den angeklagten Kindern gegenüber den richtigen strengen und zugleich liebevollen Ton, der zu Herzen geht, zu finden weiß.

Zur Zuständigkeit des Jugendgerichts gehört auch die Gerichtsbarkeit über Familienväter, die sich ihrer Ernährerpflicht gegen ihre Angehörigen entziehen. Sie können zu Anhaltung im Arbeitshaus verurteilt werden; aber der Richter macht oft von der Urteilsaussetzung Gebrauch unter der Voraussetzung, daß der Angeklagte verspricht, wöchentlich eine bestimmte Summe seines Verdienstes an das Jugendgericht zu zahlen. Dies hat sich als ein ausgezeichnet erziehliches Mittel erwiesen; das Gericht hat auf diese Weise im letzten Jahr über $ 38000 eingezogen und den betreffenden Familien übergeben.

* * *

Auf ähnlichen Grundsätzen beruht auch das Jugendgericht in Cleveland (Ohio). Hier bilden einen großen Teil der Tätigkeit die „inoffiziellen“ Fälle. Das sind solche, von denen der Chief probation officer erfährt, bevor sie formell an das Jugendgericht kommen. Sie werden für sich registriert und von den Bewährungsbeamten bearbeitet. Der Chief probation officer hat darüber zu entscheiden, ob sie überhaupt dem Richter vorgelegt werden sollen. Es handelt sich also um eine Art Probeverfahren, eine Warnung für den Jugendlichen; führt er sich gut, so ist die Sache erledigt, das Odium des gerichtlichen Verfahrens bleibt ihm erspart.

* * *

Wie man aus den angeführten Beispielen ersieht, kann von einer einheitlichen, durchweg vorbildlichen Einrichtung des Jugendgerichts nicht gesprochen werden. In jedem Staat, fast in jeder Stadt, ist die Organisation eine andere. Häufig ist das wertvollste, was geleistet wird, nicht den gesetzlichen Vorschriften, sondern privater Tätigkeit zu danken. Vor allem sind die Voraussetzungen, auf denen die Einrichtung beruht, ganz andere wie bei uns: so fehlt z. B. fast das ganze Vormundschaftswesen. Aber der Richter hat durch den weiten Umkreis seiner Zuständigkeit und die völlige Freiheit in der Wahl der Mittel eine ganz andere Machtvollkommenheit wie bei uns. Ein Mann, der sich der Größe und Wichtigkeit seiner Aufgabe bewußt ist, kann wirklich zum Mittelpunkt der gesamten Jugendfürsorge seines Bezirkes werden; er kann der ganzen Tätigkeit die Richtung weisen und ihr den Stempel seiner Persönlichkeit aufdrücken.

Schlußbemerkung.

Ich habe versucht, allerlei Bilder aus dem amerikanischen Leben zu zeigen, so wie sie sich mir geboten haben. Man wird zugeben, daß es recht verschiedene Bilder gewesen sind. Woher kommt diese Verschiedenartigkeit? Wir dürfen nicht vergessen, daß die Kultur in den Vereinigten Staaten verhältnismäßig recht jung ist; wird uns ein „altes" Haus gezeigt, so ist es höchstens 200 Jahre alt; was will das heißen im Vergleich zu Europa! Andererseits aber ist die wirtschaftliche Entwicklung im letzten Jahrhundert mit Riesenschritten vorangegangen; da können wir uns nicht wundern, daß hier und dort gewaltige Lücken geblieben sind. Es ist ganz richtig, was Wells sagt: „In endless ways America fails to be contemporary. In many respects, no doubt, she is decades in front of Europe, in mechanisme, for example, and productive organisation, but in very many other and more fundamental ones she is decades behind". Wir finden Einrichtungen, die allen unsrigen weit voraus sind, und wir finden andere, die mit modernen Ideen überhaupt noch nicht in Berührung gekommen zu sein scheinen. Dann glaube ich, daß das Wort „Freiheit" eine große Rolle spielt. Schon in der Verfassung kommt das zum Ausdruck. Die einzelnen Staaten behalten die Freiheit, fast alle Gesetze selbständig zu machen. Und in den

Verfassungen der Einzelstaaten ist von der Freiheit des einzelnen Bürgers viel die Rede. Der Amerikaner will nicht, daß der Staat in seine persönlichen Verhältnisse sich einmischt. Bei jedem Gesetz, das in irgend einer Weise die Freiheit beschränkt, finden sich Leute, die seine Verfassungsmäßigkeit bestreiten und die Entscheidung des Obersten Gerichtes über diese Frage anrufen. So wurde im Staate Illinois ein Gesetz wieder aufgehoben, das den zehnstündigen Arbeitstag für Frauen festsetzte. Der Oberste Gerichtshof erklärte, das Gesetz bedeute keine notwendige Gesundheitsmaßregel und es widerstreite der Vertragsfreiheit der Frauen. Das ist es, was Bryce meint, wenn er sagt: „America has sometimes sacrificed practical convenience to her dislike to authority." Es ist jener „undisziplinierte Liberalismus", von dem auch Wells spricht, wenn er sagt: „Nun nimmt die Theorie der Freiheit ... an, daß alle Menschen frei und gleich sind. Sie setzt stillschweigend voraus, daß alle erwachsen und unsterblich sind, daß sie Herren ihres Eigentums, ihrer Frauen und Kinder sind; und alles wird nun so eingerichtet, daß sie in Sicherheit sich ihrer Rechte erfreuen können." Wir bei uns sind über diese Zeit des uneingeschränkten Liberalismus doch schon hinausgekommen. Wir haben eingesehen, daß es ein für das Wohl aller notwendiger Eingriff in die Freiheit des Einzelnen ist, der dem Vater verbietet, sein Kind schon mit 10 Jahren in die Fabrik oder in später Abendstunde zum Hausieren auf die Straße zu schicken. Auch die Befugnis des Staates, den allgemeinen Schulzwang durchzuführen und vieles dergleichen, wird heute niemand ernstlich mehr bestreiten wollen. Jener „undisziplinierte Liberalismus“ ist für die Starken; sie setzen sich schließlich immer durch. Aber die Schwachen gehen dabei zu Grunde, und zu den Schwachen, die sich selbst nicht helfen können, gehören auch die Kinder, auf denen doch die Zukunft des ganzen Volkes beruht. Die Folgen des bis in die äußersten Konsequenzen durchgeführten Grundsatzes von der Freiheit mußten schließlich jedem auffallen. Man sah die elenden Kinder, man las die Zahlen der Kindersterblichkeit; man mußte für sich und seine Kinder die Übertragung der verheerenden Tuberkulose fürchten, die die Folge der durch die ungehinderte Spekulation immer schlechter gewordenen Wohnungen war. Nun setzte die Privathilfe mit all ihrem Eifer, mit all ihrer Hingabe, ein. Da gründete der eine ein Krankenhaus für Kinder oder ein Waisenhaus; der andere einen Klub und eine Lesehalle für die Kinder, die unbeaufsichtigt, auf der Straße die Passanten belästigten; da gab ein dritter die Anregung zur Gründung eines Jugendgerichts und organisierte die Gesellschaft zur Mithilfe bei der Schutzaufsicht.

So wurde da und dort Großes geschaffen; aber es fehlte die einheitliche Organisation, es fehlten die einheitlichen Gedanken. Es blieben hier und da Lücken übrig, die erst ganz allmählich ausgefüllt werden, je mehr man den tieferliegenden Problemen nachzugehen sich bemüht. Überall finden wir neuerdings Zeichen dafür, daß man bestrebt ist, die Macht des Staates zu vergrößern. Auch fängt man an, die Möglichkeit übereinstimmender gesetzlicher Maßnahmen für alle, oder wenigstens für Gruppen von Einzelstaaten zu erwägen.

Die fehlende Staatshilfe hat aber auch ihr Gutes, sie läßt der Privatinitiative einen sehr viel weiteren Spielraum. Dadurch, daß das bequeme Sichverlassen auf den Staat wegfällt, wird der Gesellschaft eine viel größere Verantwortlichkeit aufgebürdet. Das gibt sich in dem lebhafteren Tatendrang jedes Einzelnen kund, der wohl manchmal zu etwas merkwürdigen Experimenten führen mag. Es bewirkt wohl jene so viel frischere, fröhlichere Tätigkeit, die wir drüben finden; es gibt auch dem sozialen Arbeiter die so viel höhere gesellschaftliche Stellung und Anerkennung.

Ich habe nicht gern auch von den minder guten Dingen berichtet. Es geht mir wie Wells, der auch nur ungern und mit Zögern seinen Bedenken und seiner Kritik Ausdruck gibt. Man erfährt so viel Gutes in dem Lande, man wird überhäuft mit Gastfreundschaft und Liebenswürdigkeit jeder Art, sodaß es einem fast undankbar vorkommt, nun die Schäden aufzudecken, die man gesehen hat. Aber es schien mir notwendig, auch einmal jene Seiten zu betonen. Ich habe den Eindruck, als seien bei den Berichten, die wir durch unsere Landsleute aus den Vereinigten Staaten bekommen, immer nur die guten Seiten erwähnt worden. Das wird gefährlich, wenn Vergleiche zwischen beiden Ländern gezogen werden. Man nimmt gern eine der wirklich vorbildlichen Einrichtungen dort und vergleicht sie mit einer bei uns, die wirklich nicht gut ist — und man verallgemeinert das so gewonnene Urteil. Ich bin aus Amerika mit der Überzeugung zurückgekommen, daß Deutschland sich durchaus nicht zu schämen braucht. Wir sind in vielen Dingen voraus, wir gehen in anderen langsamer, aber doch sicher weiter. Wir besitzen eine staatliche Organisation der allgemeinen Fürsorge, die gar nicht zu überschätzen ist.

Lernen können wir aber von jenem unermüdlichen Vorwärtsstreben, von jenem Optimismus, der wie der Austauschprofessor Wheeler neulich sagte, den Erfolg als das Normale und den Mißerfolg als das Anormale ansieht. Lernen wollen wir von jenem Glauben an das Gute im Menschen und jener Beweglichkeit und Leichtigkeit des Geistes, die vor dem Schwierigsten nicht zurückschreckt und die mit diesem Glauben das unmöglich Scheinende schließlich doch möglich macht!

Druck von C. SCHULZE & CO., G. m. b. H., GRÄFENHAINICHEN.

FSC
www.fsc.org
MIX
Papier | Fördert gute Waldnutzung
FSC® C083411

Kolibri 360 GmbH
Ferdinand-Jühlke-Straße 7
99095 Erfurt, Deutschland
produktsicherheit@kolibri360.de